SANAR
DESDE ADENTRO

EDITORIAL CÁNTICO

COLECCIÓN · DOBLE ORILLA, NARRATIVA

Colección dirigida por Raúl Alonso

cantico.es · @canticoed

© Cristina Pardo y Manuel Perea, 2023
© Editorial Almuzara S. L., 2023
Editorial Cántico
Parque Logístico de Córdoba
Carretera de Palma del Río, km. 4
14005 Córdoba
© Ilustraciones: AnaSabe, 2023
© Diseño de cubierta: Luz León, 2023
© Fotografía de autores: Mercedes Díaz Martínez, 2023

ISBN: 978-84-19387-86-8
Depósito legal: CO 2020-2023

Impresión y encuadernación:
Imprenta Luque S.L.

CRISTINA PARDO Y MANUEL PEREA

SANAR
DESDE ADENTRO

LAS 5 LEYES BIOLÓGICAS Y MINDFULNESS

EDITORIAL CÁNTICO

COLECCIÓN 🔷 LA FLORESTA

SOBRE LOS AUTORES

Cristina Pardo Arquero (Córdoba, 1976), es Médica Especialista en Medicina Familiar y Comunitaria aunque su labor profesional la ha desarrollado en Emergencias Extrahospitalarias en el 061 de Córdoba desde 2006. A raíz de su maternidad (2011), comienza un camino de búsqueda personal y así se topa con la Nueva Medicina Germánica del Dr Hamer, iniciando su estudio y profundización con distintos docentes.

Desde 2017 se encuentra en evolución continua con L'École de vie consciente de Quebec, donde recibe el curso de mayor impacto en su vida.

Co-creadora del Programa ENFÓCATE 8 en 2023.

Manuel Perea Blanco (Córdoba, 1968) es licenciado en CC.EE. y Empresariales de estudios académicos, empresario en diversas actividades y consultor empresarial en esta vivencia material.

Buscador de quién ES realmente, apoyándose en la experiencia Mindfulness, acompaña como Consultor de Mindfulness, profesor de yoga y otras disciplinas de indagación y búsqueda interior.

En evolución continua con L'École de vie consciente de Quebec desde 2017.

Co-creador del Programa ENFÓCATE 8 en 2023.

A todos los seres que osan mirar adentro.

*La única mirada que tu ser humano verdaderamente
necesita es la que solo Tú puedes darle.*

INTRODUCCIÓN

Este libro es una recopilación del material elaborado para la 1ª edición del programa ENFÓCATE 8: Mindfulness y 5 Leyes Biológicas, posteriormente revisado y ampliado en siguientes ediciones. Este programa es un acercamiento al cuerpo a través de herramientas de Mindfulness bajo la perspectiva de las 5 Leyes Biológicas (5LB) descubiertas por el Dr. Hamer. Las 5LB y la Nueva Medicina Germánica (NMG) o Germanische Heilkunde (GHK) del Dr. Hamer, es un nuevo paradigma de salud (y este libro pretende ser una introducción), teniendo como premisa que todo lo que ocurre en el cuerpo es una respuesta adaptativa de supervivencia frente a los distintos acontecimientos que vivimos.

El programa desarrollado es eminentemente práctico, y nos ha permitido vivenciar algunas de las respuestas biológicas que se ponen en marcha cuando enfrentamos distintas situaciones cotidianas, a través de dinámicas que reproducen durante el curso dichas experiencias.

A lo largo de las 8 semanas hemos ido contactando el lenguaje del cuerpo, partiendo de breves nociones teóricas sobre las 5 Leyes Biológicas, aterrizadas en el cuerpo con diversas propuestas prácticas de Mindfulness. Dicha experiencia Mindfulness, Atención Plena, desarrolla una conciencia de acercamiento al cuerpo físico desde una visión más amplia y novedosa, aparcando a un lado el juicio hacia los síntomas, apoyado en las creencias y certezas que tenemos sobre estos, brindando así la oportunidad de optar por nuevos comportamientos frente a la reacción automática y única.

Y cada semana nos hemos llevado a casa tareas para seguir entrenando la atención y la conciencia, llevándola al cuerpo y a sus sensaciones, para seguir integrando ese nuevo código de comunicación con nuestra biología.

Aquí lo que presentamos es ese material teórico sobre el que nos fundamentamos y las tareas de cada semana, con el objetivo de reforzar la comprensión de este nuevo marco de referencia sobre la salud con ejercicios prácticos, que nos posibiliten empezar a observar y experimentar que todo lo que ocurre en el cuerpo tiene un porqué y un para qué concretos, no es fruto de la mala suerte, del azar o de una falla del organismo.

Animamos a utilizarlo progresivamente, semana a semana, con la intención de ir desplegando poco a poco el *darse cuenta*, siendo imprescindible un compromiso en la práctica formal diaria (exploración corporal, meditación, yoga...) y una actitud observadora y curiosa frente a las tareas de la cotidianidad (ducharse, desayunar, conducir, pasear, escuchar...). Esta dimensión práctica del programa se sostiene y respalda en los programas de 8 semanas de Reducción de Estrés, que desde los años 80 del siglo pasado, Jon Kabat-Zinn desarrolló e integró en el Hospital Clínico de la Universidad de Massachusetts para personas con síntomas físicos muy desequilibrantes, y se constató que para instaurar nuevos hábitos en nuestra vida es necesario un entrenamiento continuado durante al menos 8 semanas.

No hemos visto oportuno incorporar las dinámicas grupales, puesto que este material se leerá, en la mayoría de los casos, de manera individual. Animamos a la participación en el programa para hacer la experiencia grupal, la cual es en sí misma una aventura mucho más profunda por la riqueza que aporta el trabajo comunitario.

Sin más, confiamos que esta pequeña contribución aporte una mirada más amorosa hacia nuestro cuerpo y lo que este expresa y, sobre todo, una nueva manera de tratarlo con más escucha, agradecimiento, curiosidad y respeto, sintiendo que es nuestro aliado y que nos permite tener esta experiencia humana en nuestra amada Tierra.

PRÓLOGO

Las fronteras entre los campos de la medicina y la psicología se han ido derribando en poco más de un siglo. Desde los estudios clásicos del estrés de Walter Cannon, pasando por Wilhelm Reich, Hans Selye, Candace Pert y Herbert Benson, hasta llegar a Peter Levine, Bessel van der Kolk, Stephen Porges y Gabor Maté, por mencionar solo algunos de los más recientes. Las informaciones se van encontrando y, como un satélite, giran en torno a ideas similares, que hoy día han dejado de ser consideradas una extravagancia faltante de respaldo científico: que la mente, el estrés, los estados emocionales intensos y los traumas psíquicos desempeñan un rol fundamental en el desarrollo de las enfermedades.

Y es que el estrés negativo sin duda puede desgastar nuestras reservas de energía vital e impactar nuestra salud, haciéndonos más vulnerables a distintas condiciones tanto de la mente como del cuerpo. Estas condiciones van desde ansiedad y depresión, hasta problemas cardiovasculares, dermatológicos, inmunológicos y más.

Hace unas décadas, un médico internista de origen alemán, el Dr. Ryke Geerd Hamer, descubrió que su propio padecimiento oncológico fue desencadenado por una experiencia altamente traumática y estresante, al sufrir la pérdida trágica de uno de sus hijos. Pudo confirmar situaciones similares con sus pacientes hasta ir desarrollando toda una nueva área de estudio, descubriendo que hay mecanismos centrales psiconeurobiológicos que subyacen en los procesos de enfermedad y que no abarcan solo al fenómeno oncológico, sino también al resto de los procesos fisiopatológicos que conciernen a los campos de estudio de la medicina y la salud mental. Llamó a sus descubrimientos leyes biológicas de la naturaleza.

Tan solo unos años después, otro médico inmunólogo e investigador en oncología, Pere Gascón, descubriría que las células tumorales, por ejemplo, de la mama, poseen receptores de neurotransmisores de epinefrina (adrenalina) en sus membranas. Sabemos que la epinefrina es la hormona de estrés agudo por excelencia, lo que significa entonces que existe una comunicación evidente entre el sistema nervioso, el estrés y el cáncer. Otro investigador, Miguel Muñoz Sáez, confirma parte de su descubrimiento y lo expande observando que no solo la mama sino células de otros sistemas del cuerpo poseen estos receptores. Gascón propone hoy día que el sistema nervioso, en general, propicia el crecimiento del cáncer y que forma parte de tumorogénesis, llegando a afirmar que el estrés emocional crónico, como, por ejemplo, el generado por la pérdida de un ser querido, puede poner en marcha el proceso celular que inicie un cáncer, naturalmente mediado por respuestas inmunológicas complejas en donde sustancias celulares proinflamatorias juegan un papel central. Debo aclarar que la clave para comprender todo esto es entender que no es el hecho estresante en sí mismo el que de manera lineal genera una respuesta, sino el cómo lo percibimos y el cómo lo llevamos. Lógicamente, nuestra forma de percibir está influenciada por nuestras creencias y por nuestros condicionamientos culturales, y eso afecta de alguna manera que algo sea percibido como estresante o peligroso o no.

Y es que al menos en la práctica médica de áreas como cardiología, neumología, dermatología, endocrinología y gastroenterología, por mencionar algunas especialidades médicas, ya se considera desde hace mucho tiempo que el estrés y los estados emocionales intensos pueden ser desencadenantes de procesos "patológicos".

Hoy día estas ideas y observaciones están generando en las personas una mayor atención al hecho de que en muchos casos sus "enfermedades" no vinieron de la nada, sino a partir de eventos o situaciones difíciles importantes en sus vidas. Esto me parece realmente el inicio y desarrollo de áreas "integrativas" en el campo de la salud.

Ante tal escenario los seres humanos contemporáneos vamos comprendiendo cada vez más la importancia de aprender a utilizar herramientas que nos ayuden a lidiar con el estrés negativo y sus impactos, reduciéndolo y con ello también a las alteraciones fisiológicas que pueden surgir. Así mismo, estas herramientas pueden ayudarnos también a mirar cómo nuestra percepción, que a su vez es influenciada por nuestras creencias y estados emocionales, pueden jugar a favor de nosotros no solo para recuperar la salud, sino también para desarrollarnos mejor y acceder a un mayor bienestar.

Dentro de múltiples investigadores que se han enfocado de forma práctica a desarrollar métodos y herramientas para el manejo del estrés, está el Dr. Jon Kabat-Zinn, quien desarrolló programas de reducción del estrés basados en el Mindfulness, brindándonos un campo nuevo para contrarrestar sus efectos y restablecer el equilibrio corporal y mental, estimulando la recuperación.

Se basa en prácticas centradas en el ejercicio de la atención plena, usando la respiración consciente y la ayuda de nuestro "observador" para descubrir las sensaciones físicas, reacciones emocionales e interpretaciones mentales que hacemos de forma generalmente automática, reactiva e inconsciente. Esta observación permite, por un lado, identificar cómo funcionamos e interrumpir las secuencias automáticas que nos pueden llevar a los mismos lugares de tensión y, por otro, crear nuevas vías en nuestra mente para modular nuestras respuestas, mejorándolas.

Se escucha sencillo y en esencia es algo relativamente simple, sin embargo requiere realmente de una práctica regular que, como afortunadamente nos comparten los autores de esta obra, puede hacerse estable y tornarse un nuevo hábito en tan solo 8 semanas trayéndonos grandes beneficios. Vale la pena explorar y hacer el esfuerzo inicial.

Es el ejercicio regular de estas prácticas y su integración en nuestra vida cotidiana lo que puede enseñarnos a vivir mejor incorporando nuevas formas para mejorar la calidad global de nuestra vida. Y es que, si la percepción de la persona es lo más importante en el desencadenamiento del shock... entrenar la mente puede ser un recurso importantísimo.

Ya lo dice Matthieu Ricard, dedicamos mucho tiempo a recibir educación formal, a hacer ejercicio, a cuidar nuestro aspecto y otras tantas cosas y, sin embargo, resulta sorprendente "ver el poco tiempo que dedicamos a cuidar lo que más importa, la manera en que nuestra mente funciona; que es lo que finalmente determina la calidad de nuestra experiencia (de vivir)".

Sanar desde adentro es un libro estimulante y práctico en el que los autores nos invitan a explorar un espacio nuevo en el que se conjuntan herramientas de Mindfulness, como el desarrollo y práctica de la atención plena, con la comprensión de los recursos psicobiológicos adaptativos del organismo (llamados por el Dr. Hamer programas especiales de supervivencia), que se activan de forma automática ante la percepción de situaciones percibidas como peligrosas. Estas respuestas tienen el fin de mantenernos vivos como cualquier respuesta de estrés adaptativo. Es solo el desconocimiento de estas respuestas adaptativas lo que ha originado que, en la cronicidad y el uso excesivo de tales recursos, se produzcan como consecuencia señales de desgaste y elementos que comúnmente se comprenden como los constituyentes de las "enfermedades".

Invito al lector a explorar la propuesta de esta obra, que confío logrará llegar a muchas personas abriendo nuevas direcciones que sumen a su bienestar y aumenten la autoayuda efectiva con conocimiento.

DR. LUIS FELIPE ESPINOSA DEL VALLE
México, Nov 2023

PRESENTACIÓN AUTORES

MANOLO

Desde que tengo conciencia de mí, el mundo interior que iba creando se dirigía especialmente para cumplir las expectativas externas de los demás, ser una buena persona, buen hijo, buen amigo y buen trabajador. No fallar.

Todo se desmorona... nada se sostenía y, empiezo a darme cuenta del malestar interior que vivía y se manifestaba con reacciones y comportamientos que me hacían esconderme de la Vida.

Y desde ahí, encontré el mundo del yoga, la meditación y la terapia psicológica como trampolín de impulso al mundo del despertar, sin olvidar el desarrollo de la diabetes en mi cuerpo. Síntomas o enfermedad que he vivido desde distintas ópticas: "algo malo habré hecho", "me tienen que dar la solución fuera, un médico, un curandero...", "como no te cuides ya te enterarás...", como una maldición.

Nada fácil estos últimos 14 años de despertar a algo nuevo, pues hasta los 40 anteriores, estuve dormido, consumiendo a través de los sentidos, sufriendo y disfrutando, y cada vez más lejos de MI.

Muchas formaciones de índole espiritual, muchos cuidados del cuerpo con técnicas alternativas... Y acercándome al cuerpo que habito con resquemores, temores y no siendo compasivo con él. Quería que la solución estuviese fuera.

Tras toda esta travesía y gracias a desembocar en la Escuela de Vida Consciente de Quebec (Canadá) en el 2017, hace aproximadamente 6 años, llega la guinda a esa búsqueda. Un camino de despertar que toma la vía de dirigir la atención al cuerpo físico desde la identificación a un observador compasivo y nada peleón, junto con la integración de que somos NOSOTROS, los que tenemos el poder de sanarnos, así como la resonancia con la Nueva Medicina del Doctor Hamer...

Empiezo a dejar de huir de mi cuerpo, de todo lo relacionado con su salud, para sentir que el camino es "escucharlo y comunicarme con él, pues lo habito y, de paso, ser consciente que no soy él". En ese acercamiento, me voy alejando de todas las definiciones, creencias e interpretaciones sobre lo que consideraba que era la enfermedad y los síntomas en mi cuerpo. Y desde ahí empiezo a tener mayor complicidad y una relación más saludable al acompañarlo en sus procesos.

Y aquí estamos, pues para ello, la experiencia de Mindfulness, Atención Plena, nos da esa "elección de acercamiento al cuerpo, sin juicio y con aceptación", y fuera de la locura de dar espacio a todas nuestras creencias limitantes...

La meditación en la respiración, el uso de la respiración consciente, la atención plena a cada instante y actividad, junto con la integración práctica a cada momento del día, es lo que me avala.

CRISTINA

El cuerpo humano siempre me fascinó. La biología, como recipiente último de la Vida, también.

Estudié Medicina para, entre otras cosas, complacer —inconscientemente— a mi madre que, desde niña me contó que le hubiese gustado estudiar Medicina... Hoy sé que su mirada, que es lo que yo buscaba, solo me la puedo dar yo... Y desde ahí, la libero y me libero de esta mochila cada día un poco más...

Desde siempre en mi casa se hablaba del negocio de las farmacéuticas (mi padre trabajó como visitador médico y estoy agradecida, pues nos permitió vivir holgadamente a una familia de 7, a pesar de las facturas que esa contradicción le haya pasado) y de los remedios naturales, con los libros de mi abuelo materno (que tomaba dientes de ajo en ayunas) de Medicina Natural del Dr. Vander.

Aun así, cuando mi hermana me empezó a hablar del Dr. Hamer sentí mucho rechazo al principio. La "academia" lo hace muy bien para desprestigiar lo que no interesa tildándolo de "no científico". Así que fue en 2014 que se empezaron a derrumbar ciertas resistencias y entré en contacto con las 5 Leyes Biológicas. Desde entonces hasta ahora ha llovido mucho, muchísimo...

Inicialmente me formé durante un año con la por entonces llamada Escuela de Descodificación Biológica

Original de Barcelona, hoy Instituto Ángeles Wolder, y donde aprendí herramientas de acompañamiento terapéutico fantásticas que se integraban como resultado de trabajarlas en nosotras mismas. Un antes y un después... Más tarde, varios docentes a los que estoy muy agradecida, queriendo destacar a Miguel Ángel Morales con quien recibí la primera Introducción como tal a las 5LB, permitiéndome una mejor comprensión de las mismas, a Ángela Medrán, referente de NMG desde hace tiempo en Córdoba y fuera de ella, y a Luis Felipe Espinosa, quien está haciendo un aporte inmenso en la docencia en habla hispana de las 5LB, sintetizando y ampliando desde su experiencia de hace más de 20 años los descubrimientos del Dr Hamer, y proponiendo un acompañamiento terapéutico muy completo con su formación en otras áreas de psicología sistémica. Y en la actualidad, sigo aprendiendo con la GHK Pilhar Academy.

A este recorrido, en 2017, se suma la Escuela de Vida Consciente de Canadá, donde Manolo y yo, siendo amigos previamente, confluimos y comenzamos una andadura común. Iniciamos un trabajo personal, de "despertar", bajo el que empiezo a filtrar toda mi vida y, cómo no, también la profesional.

PRESENTACIÓN ENFÓCATE 8

De esta confluencia surge un trabajo en septiembre de 2022, junto con otras dos amigas amadas y compañeras de viaje (Eva Garrido y Montse Ruano), y es ahí donde nosotros dos sentimos la complicidad en nuestras dos áreas profesionales, Mindfulness y Medicina, y de una petición informal en una tarde de cumpleaños surge el Taller de un día de Mindfulness&Hamer y de ahí, el programa ENFÓCATE 8, ya que vemos que el taller de un día es solo un "abrir boca" y se queda muy corto para lo que queremos compartir y para las demandas que empiezan a surgir.

Es desde este lugar, desde compartir lo que estamos vivenciando, Manolo desde Mindfulness y Cristina desde el Cuerpo y su capacidad de sanar, que surge esta propuesta. Queremos compartir **herramientas simples de escucha al cuerpo** que nos lleven a respetarlo y cuidarlo, sabiendo que somos más que este cuerpo que habitamos, pero que es quien nos permite tener esta experiencia de encarnación concreta aquí y ahora, y que podemos establecer una alianza estrecha con él para que la experiencia sea más plena.

Con el conocimiento de las 5LB del Dr. Hamer y la Germanische Heilkunde podemos empezar a **confiar en nuestra naturaleza**, pues todo tiene un propósito. No hay nada que ocurra por error. La Naturaleza no es defectuosa, de hecho perdura a pesar de los pesares. Y nuestra biología como parte de ella, no es menos. Todo es una respuesta adaptativa de supervivencia. Desde ahí, no hay nada que temer.

Pero sabemos que el conocimiento es sólo el primer paso. Es necesario integrar y realizar cambios. Son muchos años, muchos, de caminar de espaldas a nuestra biología, y cambiar eso no es nada fácil. Aquí es donde Mindfulness nos da herramientas poderosas. Pero no nos servirán de nada si no hacemos la apuesta firme. Y eso, solo depende de cada una, de cada uno. Y también sabemos que es más difícil hacerlo en soledad. Por eso esta propuesta en grupo, porque somos animales de manada, de tribu, y porque desde muchos otros entornos también nos hablan de la Unidad, del Todo, que Todos somos Uno... Pero eso, ¿qué significa? Significa, entre otras cosas, que nos nutrimos recíprocamente y por eso yo tengo que hacer mi parte, porque si yo no la hago nadie la puede hacer por mí, y el conjunto pierde pero en primer lugar yo...

¿POR QUÉ ESTA ALIANZA ENTRE MINDFULNESS Y LAS 5LB DEL DR. HAMER?

Si hacemos la elección consciente de acercarnos a nuestra biología y a sus recursos para mantenernos con vida en este cuerpo que habitamos, hay que atravesar, sortear muy conscientemente, esas creencias extremadamente arraigadas de que nuestro cuerpo enferma por mala suerte, porque te ha tocado, porque algo malo has hecho, entre otras muchas... castrando nuestra responsabilidad poderosa de acompañar a esos síntomas, a esa biología que es sabia y no maldita.

Para ello, el entrenamiento de nuestra atención y el despliegue del *darnos cuenta*, la conciencia, a través de la experiencia Mindfulness, nos va a instalar en una posición de no juicio y un trato más compasivo ante lo que el cuerpo experimenta. Esa posición observadora, no enjuiciadora y de aceptación de los síntomas que aparecen, son consecuencia de la perseverancia en las herramientas y prácticas que proponemos. En un principio, se necesitará persistencia y confianza hasta que esa actitud de testigo se va instalando en lo más profundo de nuestro ser humano. La nueva mirada debe incorporarse, arraigarse e integrarse como un hábito cotidiano. Y como no, recordar que para incorporar un nuevo hábito, debe salir otro, así como una repetición en el tiempo para su permanencia cotidiana. Por eso proponemos las tareas tras cada sesión semanal, para vivenciar lo expuesto.

Nosotros compartimos hasta donde tenemos integrado, y en estas 8 semanas se darán las circunstancias para seguir caminando y profundizando cada vez un poco más.

¿Arrancamos?

Primera premisa: No te creas nada, ¡EXPERIMENTA!

JUGANDO CON EL *AVATAR*

Te proponemos un juego a lo largo de la lectura de este material:

Como bien se muestra en la película Avatar, para estar en Pandora es necesario un *Avatar* que les permite a los individuos adaptarse a la vida en ese planeta. De igual manera, para estar en el planeta Tierra, cada persona tenemos nuestro propio *Avatar*. Nuestro *Avatar* sería el personaje que nos permite desarrollar los distintos roles: madre, abuelo, pareja, colega, amiga, hijo, hermana...Este *Avatar* tiene un cuerpo físico, un cuerpo emocional y un cuerpo mental, que podemos observar al tomar conciencia de la respiración fisiológica. Durante el transcurso de la vida nos creemos que somos realmente este personaje, este soporte para experimentar en este planeta. Somos realmente quien observa este *Avatar*. Cada cual según sus creencias le otorgará un significado a este testigo (alma, ser de luz, Amor, divinidad, esencia...)

Proponemos a lo largo de estas 8 semanas imaginarnos inmersos en Pandora y hablar de nuestro *Avatar* en 3ª persona. Esto implica que a partir de ahora, cuando compartamos con alguien, vamos a intentar expresarnos así: *"a mi Avatar le pasa que..."*, *"cuando a mi Avatar le duele la cabeza, él piensa que..."*... Incluso podemos darle un nombre. Por ejemplo: *Crisálida* para Cristina.

Con esto os invitamos a despersonalizar todo lo posible, porque poco a poco nos iremos dando cuenta de que a todos los humanos nos ocurren las mismas cosas, y despersonalizando le quitamos carga y es mucho más ligero a la hora de plantear y asumir cambios. Es así que podemos experimentar que somos ese algo más que observa a su *Avatar*, y que ese algo más es nuestra esencia divina y eterna que nos permite salir de la pequeñez y crear la vida que queremos.

OBJETIVOS

1. Aproximarnos a las 5LB del Dr. Hamer para empezar a desarrollar la confianza en las respuestas que da nuestro cuerpo.
2. Compartir herramientas simples de escucha al cuerpo que nos lleven a respetarlo y cuidarlo a través de los recursos de Mindfulness.
3. Integrar cambios que nos permitan vivir en coherencia biológica y en armonía.

CRONOGRAMA

1ª semana:
Presentación e introducción.

2ª semana:
Las 5 Leyes Biológicas del Dr. Hamer: primera y segunda.

3ª semana
Las 5 Leyes Biológicas del Dr. Hamer: tercera, cuarta y quinta.

4ª semana:
El lenguaje del Endodermo. "Tomar y soltar".

5ª semana:
El lenguaje del Mesodermo Antiguo. "Estoy a salvo".

6ª semana:
El lenguaje del Mesodermo Nuevo. "El desempeño". El HACER vs el SER.

7ª semana:
El lenguaje del Ectodermo. "Los vínculos y el territorio".

8ª semana:
Síntesis, anclaje y cierre.

A TENER EN CUENTA...

Este programa y este material que lees no es una terapia.

No te creas nada: experimenta por tu cuenta. La base no es acumular información exclusivamente, es experimentar e integrar.

Es un libro vivo para hacer propias las herramientas de escucha y conexión con nuestro cuerpo y su coherencia biológica.

Es un compromiso contigo. De ahí, tu responsabilidad para la lectura semanal y el desarrollo de las tareas.

Estás leyendo esto porque has elegido priorizarte, al menos, durante las 8 semanas siguientes. Priorizarte estas 8 semanas te hace responsable de quizás tener que soltar alguna tarea cotidiana para hacer espacio al programa. Te invitamos a que lo hagas y, si después tienes que volver a dicha tarea, vuelve. Date la oportunidad.

Quizás sea útil buscar un cuaderno para crear tu *Diario de a bordo*, donde ir anotando cada descubrimiento, cada integración, cada paso.

Nuestra propuesta es asumir hábitos de más presencia, y eso exige cambios, aunque solo sea caminar más despacio...

ENFÓCATE 8

SEMANA 1

INTRODUCCIÓN A LAS 5LB

Las **5 Leyes Biológicas** y la Nueva Medicina Germánica descubiertas por el Dr. Hamer son un nuevo enfoque en el abordaje de nuestra salud. Es un modelo científico (reproducible y verificable) en el que se muestran con precisión las múltiples y complejas conexiones entre nuestra manera de ver y estar en el mundo, nuestro cerebro y las respuestas orgánicas que nuestro cuerpo físico manifiesta, además de los distintos afrontamientos comportamentales, conductuales y estados de ánimo, a lo que el Dr. Hamer llamó Constelaciones Cerebrales.

Con la mirada de la NMG podemos empezar a confiar en nuestra naturaleza, pues todo tiene un propósito, un sentido. No hay nada que ocurra al azar. Todo es una respuesta adaptativa de supervivencia. Desde ahí, no hay nada que temer. La biología responde de la mejor manera que sabe, teniendo en cuenta todas sus respuestas exitosas acumuladas a lo largo de toda la existencia, de todos nuestros ancestros, ante los retos que enfrentamos. De hecho, esto es el motor de la evolución.

Ante cualquier desafío son las respuestas exitosas las que permiten la supervivencia, las que perduran en el tiempo, y sobre ellas se asienta el aprendizaje. Sin desafío no hay movimiento ni evolución. Es el baile de la Vida.

Algunos ejemplos que podemos encontrar de estas respuestas adaptativas:

- Nuestro corazón late más rápido y nuestros pulmones aumentan su frecuencia respiratoria para poder nutrir a nuestros músculos si necesitamos dar una carrera para no perder el autobús.

- Los jugos y enzimas digestivos nos ayudan a digerir un banquete copioso.

- Si tomo algo indigesto quizás mi estómago lo vomite o mis intestinos lo eliminen más rápido.

- Las pupilas se dilatan en la oscuridad para captar más visión, o se contraen con la luz para evitar el deslumbramiento.

- El endometrio del útero crece cada mes para permitir la anidación en caso de fecundación.

- Cuando se da a luz a un bebé, las glándulas mamarias de la mujer crecen y producen leche para amamantarlo, ¡incluso si no lo parió ella!

- Ante una situación de peligro por la espalda, la visión periférica se amplía para buscar una salida y no perder de vista el peligro, sacrificando la visión central y de lejos.

- Si tengo muchas tareas pendientes me pondré más compulsivo, y mi glándula tiroides se pondrá más activa para optimizar el tiempo.

- Si tengo que escribir un discurso, me volveré más reflexivo e introvertido...

Iremos viendo a lo largo de estas semanas esas otras respuestas biológicas, que hasta ahora no habían sido consideradas como tales.

BREVE RESEÑA SOBRE EL DR. HAMER

El Dr. Ryke Geerd Hamer (1935-2017) fue un médico internista alemán al que, tras sufrir la pérdida accidental de uno de sus hijos en 1978, le diagnosticaron un cáncer de testículo en estadio avanzado varios meses después. A su vez, su mujer y madre de su hijo recibió el diagnóstico de cáncer de mama. Él empezó a preguntarse si habría alguna relación entre el tremendo impacto que habían vivido con la muerte abrupta de su hijo y sus procesos físicos, y comenzó a investigar entrevistando a los pacientes de la clínica oncológica en la que por entonces trabajaba como jefe del Servicio de Medicina Interna, en Múnich. Y sí, después de largos y pausados interrogatorios a cientos de pacientes, revisando pruebas e informes médicos, constató que había una correlación y repetición de patrones de vivencias abrumadoras y diagnósticos. Presentó varios trabajos, una tesis postdoctoral, revisiones y verificaciones de grupos de especialistas, entre otros, pero su trabajo, con numerosos casos que lo avalaban, fue desacreditado, llegando incluso a estar preso por supuestas "negligencias" médicas...

Hoy día cada vez son más numerosos los médicos y otros profesionales que profundizan en sus descubrimientos, los ratifican y los divulgan para que, poco a poco, se vayan extendiendo sus beneficios para la salud y la confianza en la vida que estos aportan.

INTRODUCCIÓN AL MINDFULNESS

Mindfulness, Atención Plena o Conciencia Plena, es una experiencia, y el nombre viene del término "Satti" de la lengua Pali, un dialecto del sánscrito, cuyo significado es:

· Atención: Ser dueños de nuestra atención a cada instante.

· Conciencia: Darnos cuenta de dónde está nuestro foco de atención.

· Recuerdo: Recordar a cada instante poner atención y conciencia.

Jon Kabat-Zinn, científico y estudioso de dicha experiencia Mindfulness, la define como:

"La conciencia que se despliega al poner **atención** deliberadamente al instante presente, **sin juicio y con aceptación, momento a momento".**

Podemos acercarnos a nuestro cuerpo y a sus respuestas fisiológicas y adaptativas de dos maneras:

· **Automáticamente**, reactivamente, según una interpretación mental y respuesta emocional, filtrado por nuestras creencias, certezas sobre la vida, acerca de lo que es nuestro cuerpo, y de por qué ocurre ello. En cierto modo, sin atención plena o con una atención muy dispersa.

· Desde el **observador**, por elección consciente. Con atención plena.

Si decidimos acompañar a nuestro cuerpo desde el observador, se necesita entrenar nuestra atención y desplegar la conciencia, una y otra vez. Experimentar el camino de la Atención Plena. ¿Cómo vamos a iniciarlo? Utilizando la respiración fisiológica como ancla, volviendo a ella, saliendo del discurso mental y emocional.

Desde la experiencia Mindfulness, hay que tener en cuenta 3 elementos que aparecen en nuestro campo de conciencia, de los que seremos conscientes o no, pero que si ponemos atención nos daremos cuenta de ellos. Ellos son los responsables de cómo la información recibida del exterior es procesada en nuestro interior, haciendo automáticamente una interpretación, básicamente, de aceptación o rechazo, llevándonos a sentirnos emocionalmente de una manera determinada.

Dichos elementos son:

- La información a través de los sentidos, las sensaciones físicas de nuestro cuerpo en sus procesos biológicos necesarios, así como sus respuestas ante diferentes estímulos.

- Nuestro mundo mental de ideas, pensamientos, fantasías, imágenes mentales...

- Nuestro mundo emocional, como reacción ante la interpretación del mundo exterior, sin olvidar la reacción ante ese mundo interpretativo de la mente.

Debido al excesivo ritmo de responsabilidades, ya sean familiares, laborales, sociales, de ocio, salud... apoyadas en la multitarea, nuestra atención a eso que ocurre en cada instante, mientras ocurre, suele estar empañada. Solemos no darnos cuenta de ello, convirtiéndonos en seres automáticos, máquinas reproductoras y repetitivas de comportamientos. Mientras esa atención está secuestrada, en la mayoría de los casos, por la interpretación de lo acontecido (cuerpo mental), la interpretación de lo sentido (cuerpo emocional – mental), nos perdemos el contacto con nuestro cuerpo físico (sensaciones físicas):

un simple paseo, puesta de sol, un plato de espaguetis... (sentidos físicos).

Utilizaremos el Triángulo Mindfulness o elementos de la conciencia:

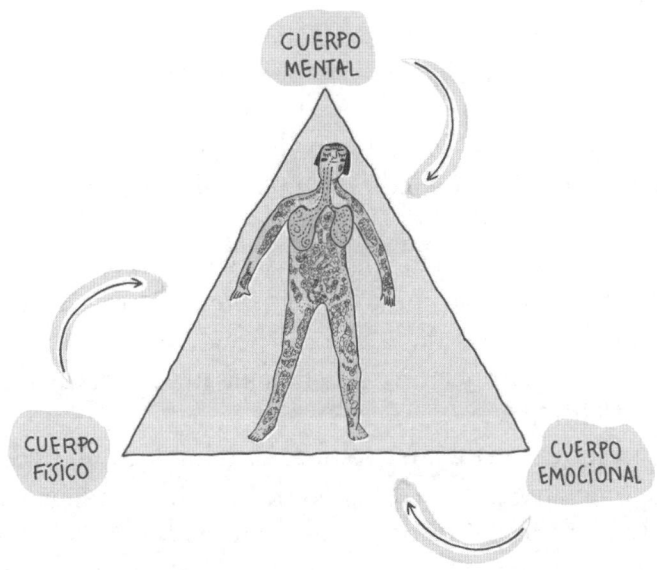

Ese triángulo, que puede ser nuestro campo de sufrimiento, nuestro motivo de ansiedad, depresión o dispersión continua, si lo colocamos en un buen lugar, se puede llegar a convertir en nuestro aliado para entrenar nuestra atención y conciencia, volviendo al instante presente gracias a esa maravillosa función, la respiración, como ancla atencional.

Te proponemos a través de la experiencia Mindfulness, entrenar la atención, desplegar la conciencia, el darnos cuenta, de manera diferente, dejando el juicio y sus interpretaciones a un lado, para acercarnos a eso que habitamos, el cuerpo físico. Y en ese acercamiento, podremos acompañarlo sin temor, desde un lugar que lo hace más cariñoso y permite que sus mecanismos biológicos se expresen y actúen ante situaciones que nuestra psique vive como un conflicto no subsanable.

BREVE RESEÑA SOBRE JON KABAT-ZINN

Jon Kabat-Zinn (5 de junio de 1944, Nueva York) es profesor emérito de Medicina en la *Massachusetts University Medical School.*

Sus prácticas de zen, yoga, y sus estudios con diversos maestros budistas lo condujeron a integrar partes de esas enseñanzas con las de la ciencia occidental, creando el Programa de Reducción del Estrés Basada en la Atención Plena (REBAP).

Ha escrito varios libros sobre el tema y es un activo conferenciante para la difusión de la atención plena.

Aunque fue instruido en enseñanzas budistas, no se identifica como tal. Su trabajo ha estado mayormente dedicado a difundir el uso de la meditación de atención plena (*mindfulness meditation*) como terapia clínica y en la sociedad.

Es el fundador y exdirector ejecutivo del *Center for Mindfulness in Medicine, Health Care and Society* en la Escuela de Medicina de la Universidad de Massachusetts. Es fundador (1979) y exdirector de la *Stress Reduction Clinic* en la misma universidad.

Es el presidente fundador de la *Consortium of Academic Health Centers for Integrative Medicine* (Asociación de Centros Médicos Académicos para la Medicina Integrativa) que abarca los centros médicos de universidades estadounidenses, que incluyen distintas prácticas de medicina integrativa.

Integra el directorio del *Mind and Life Institute*, un grupo que organiza diálogos periódicos entre el Dalai Lama y científicos para promover un entendimiento más profundo de diferentes formas de conocer y sondear la naturaleza de la mente, las emociones, y la realidad.

Fue copresidente del *Mind and Life Dialogue 2005: Clinic Applications of the Meditation*, celebrado en Washington DC.

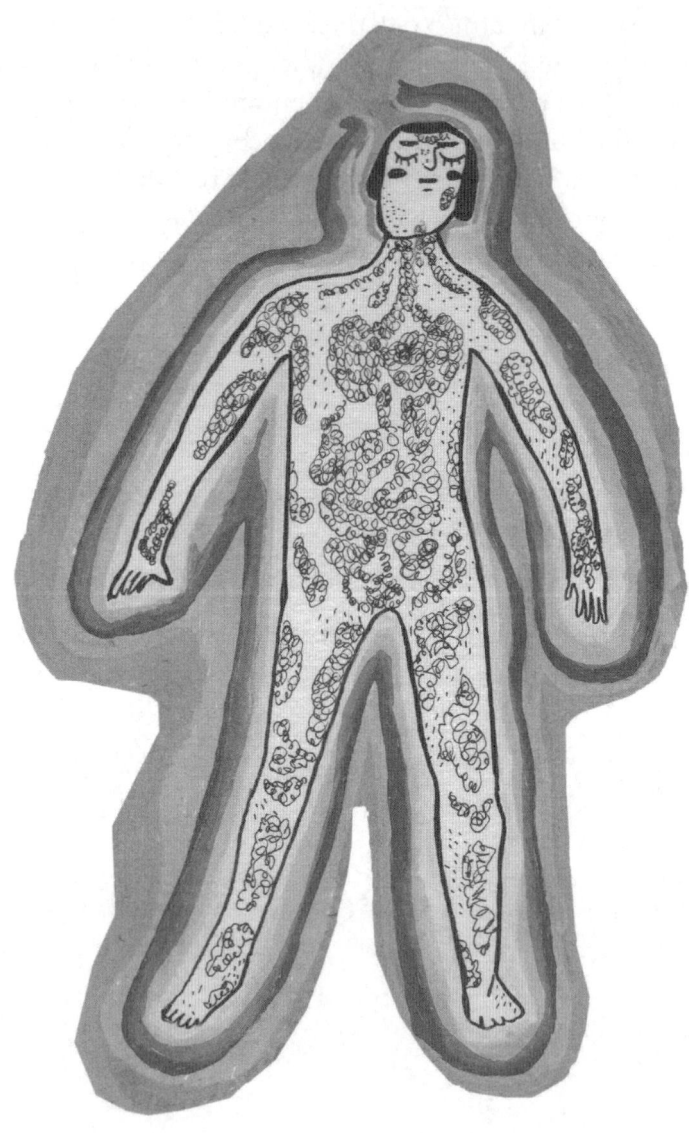

ENFÓCATE 8

TAREAS SEMANA 1

Aparezca lo que aparezca en la mente,
simplemente obsérvalo

Antes de comenzar la lectura y puesta en práctica de las tareas, observa cómo respira tu *Avatar* durante 1 minuto.

PRACTICA LA ATENCIÓN PLENA

a) Práctica formal – Exploración Corporal: los 6 días de la semana

- Sin albergar expectativas de lo que debe sentir tu *Avatar*, o si le debe gustar o no. Dejando que la experiencia sea tal cual es. Sin juzgar, limitándote a practicar lo que se te dice. Desde un lugar que te hace observar cómo se despliega la experiencia, recorre la práctica, incluso ante una fuerte activación de la interpretación mental de tu *Avatar* ante la incomodidad.

b) Prácticas en tu vida cotidiana

- Elige una actividad rutinaria de la vida cotidiana de tu *Avatar* y realízala con atención plena cada vez que la hagas (cepillarse los dientes, peinarse, tomar un café, beber un vaso de agua, lavarse las manos, cocinar...). Intenta usar los sentidos del cuerpo que habitas y date cuenta de lo que hace tu *Avatar* mientras lo está haciendo, como si fuera algo muy especial.

c) Juega en 3ª persona con el *Avatar* y entrena la despersonalización

Atiende con Presencia a tu cuerpo, permitiendo que se exprese con su lenguaje, las sensaciones. Para ello, durante la semana, ante un pequeño malestar (tos, dolor de garganta, molestia en la cabeza, tensiones musculares...) u otro de mayor intensidad, toma el tiempo, haz una pequeña parada y:

- **Observa y date cuenta de**: ¿qué **piensa** el *Avatar* sobre el cuerpo que habitas?; emocionalmente, ¿qué **siente?**; ¿cómo se expresa su **cuerpo físico?**; y, ¿qué **reacción o tendencia** a reaccionar tiene tu *Avatar*? Anota qué has descubierto.

- **Juega a despersonalizar: háblalo en alto, compártelo con alguien de confianza, jugando.**

  · El cuerpo físico del *Avatar* siente dolor o molestia en...
  · El cuerpo mental del *Avatar* piensa..., recuerda al tener el dolor de... que...
  · El cuerpo emocional del *Avatar* siente una emoción de...

Nota: Es importante practicar la técnica por algún tiempo para poder beneficiarse de ella. Por ello, es importante hacer los ejercicios en casa y en la vida cotidiana.

ENFÓCATE 8

SEMANA 2

Recordemos que la fisiología juega a nuestro favor. Desde aquí podríamos diferenciar una fisiología de lo "cotidiano", que es la que nos permite realizar nuestras actividades del día a día, como ya hemos visto (dormir, la digestión, respirar, dar una carrera, redactar un informe...) y una fisiología de "rescate", que es lo que el Dr. Hamer denominó SBS (Programa Especial con Sentido Biológico), que es la que se pone en marcha ante situaciones excepcionalmente amenazantes.

Las 5LB vienen a dar respuesta a los interrogantes de **por qué** (1ªLB), **cómo** (2ª, 3ª y 4ªLB) y **para qué** (5ªLB) "enfermamos".

Vamos a enunciarlas y a continuación pasaremos a describirlas con más detalle:

1ª Ley Biológica: La Ley Férrea del Cáncer. ¿POR QUÉ se desencadena el proceso biológico?

2ª Ley Biológica: La Ley de las Dos Fases de la Enfermedad. ¿CÓMO SE DESARROLLA el proceso biológico?

3ª Ley Biológica: El Sistema Ontogénico de los Tejidos. ¿CÓMO SE COMPORTAN los tejidos?

4ª Ley Biológica: El Sistema Ontogénico de los Microorganismos. ¿CÓMO PARTICIPAN los microorganismos?

5ª Lye Biológica: Quintaesencia.
Sobre el sentido biológico del proceso. ¿PARA QUÉ?

1ª LEY BIOLÓGICA: LA LEY FÉRREA DEL CÁNCER. ¿POR QUÉ SE DESENCADENA EL PROCESO BIOLÓGICO?

PRIMER CRITERIO: EL *QUÉ* (DHS O SHOCK BIOLÓGICO)

Toda "enfermedad" está precedida de un DHS (Síndrome de Dirk Hamer).

El DHS es el impacto producido por un evento agudo, dramático, inesperado y vivido en soledad, y es lo que pone en marcha el SBS.

Es algo que nos pilla a contramano, que no esperábamos, que es grave, que nos descoloca y preocupa, que en el momento nos hace sentirnos sobrepasados, sin poder ofrecer una solución satisfactoria, y que vivimos en soledad, esto es, que no compartimos la vivencia profunda que nos produce.

Sólo el hecho de estar en contacto con lo que nos mueve por dentro y expresarlo sin filtros con alguien en absoluta confianza, puede reducir la respuesta que esto va a desencadenarnos. De ahí, la invitación al entrenamiento de nuestro foco de atención, sin juicio ante lo que experimentamos y con aceptación, dejando que la experiencia se despliegue a su ritmo. Esto podrá atenuar la respuesta biológica en gran medida, sabiendo que nuestra fisiología se posiciona a nuestro favor dando una respuesta adaptativa. No creamos que por practicar Mindfulness estaremos exentos de que nuestro cuerpo reaccione ante las experiencias traumáticas; eso sí, la intensidad biológica podría aminorarse.

Algunos ejemplos de DHS serían: pérdida abrupta de trabajo o de un ser querido, una repentina situación de dependencia de nuestros padres, nacimiento prematuro o emancipación inesperada de los descendientes, una zancadilla de un colega de trabajo, una llamada con una mala noticia, avería del ordenador justo antes de una charla, pérdida del móvil a punto de salir de viaje...

Más allá de experimentar un rebase de las emociones, es importante señalar que el cerebro hace una lectura "biológica" del acontecimiento ("pérdida de territorio", "expulsión de la manada", "preocupación en el nido", "atrapar una presa", "eliminación de una guarrada", "necesidad de ser más rápidos y eficaces"...) y busca entre todos sus recursos biológicos el más adecuado para enfrentarlo.

SEGUNDO CRITERIO:

LAS *GAFAS*

El contenido del DHS determina el lugar cerebral y el órgano que dará la respuesta. No es exactamente *qué* vivimos sino *cómo* lo vivimos.

En el instante del DHS se activa un área cerebral concreta, que fue llamada Foco de Hamer (FH), que a su vez está conectada con un órgano/tejido específico, que será el más adecuado para hacer frente a ese DHS.

Esto va a depender de la vivencia conflictual de cada persona. Es la manera de vivir de cada individuo, su propia percepción (que vendrá condicionada por el desarrollo personal desde la concepción, la gestación, el nacimiento, la educación, las creencias, los valores, el entorno económico, cultural y social...) lo que va a determinar esa interpretación individual y, en consecuencia, el cerebro elegirá el órgano que mejor respuesta de supervivencia vaya a ofrecer para esa vivencia conflictual concreta.

Tomemos el ejemplo de una situación de pérdida del trabajo: para una persona puede ser una nueva oportunidad y su biología no reaccionará especialmente, y para otra una amenaza de inanición por "miedo a morir de hambre", y se activará, por ejemplo, el hígado. Hay quien tiene tanto miedo a los gatos que si se encuentra uno será igual que si se encontrara un león, y quizás manifestará una "alergia al pelo de gato"...

Es importante resaltar también que un mismo evento puede ser interpretado de varias maneras distintas por la misma persona, generando así varios DHS y, por tanto, varias respuestas biológicas a la vez, es decir, varios SBS.

Con la propuesta de ser más dueños de nuestro foco de atención, así como el despertar de nuestro *darnos cuenta*, esa conciencia testigo hará que pueda haber una remodelación, una nueva mirada interpretativa, pudiendo ajustar en alguna medida la vivencia conflictual ante el detonante experiencial.

Resulta de importancia conocer un nuevo concepto para ayudarnos, con la experiencia Mindfulness, a dejar de huir de las vivencias llamadas traumáticas que la vida trae sin avisar. Cada ser humano tiene un rango de tolerancia emocional propio frente a las experiencias. Llamamos *zona de confort* al territorio dentro de los límites de ese rango de tolerancia.

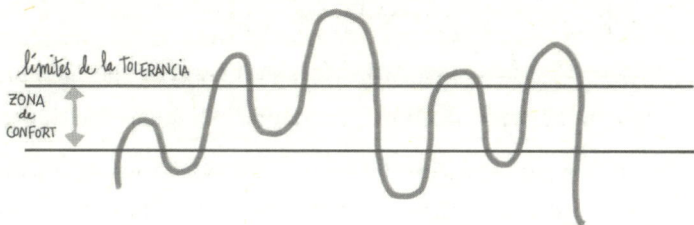

VENTANA DE TOLERANCIA EMOCIONAL. Adaptación de Manuel Perea.
Basado en Talleres de "Escuela de Desarrollo Transpersonal".

Por arriba de la frontera, hay situaciones que podemos vivir con excesiva excitación provocando un caos insostenible que nos hace salir de la zona segura. Por ejemplo, una discusión con mi pareja, chillidos de niños constantemente, el exceso de demandas en el trabajo...

Y por debajo, circunstancias que pueden conducirnos hacia la inhibición emocional, creando rigidez y depresión. La pérdida de un ser querido, por ejemplo, nos dirige hacia la tristeza, cansancio, hacia un tono corporal bajo, introspección, retraimiento...

Nuestro objetivo, nuestra dirección más equilibrada ante la vida, sería tomar conciencia de esos límites y ampliar esa ventana de tolerancia en lugar de evitar experiencias o identificarnos y acostumbrarnos a ese caos. ¿Cómo?

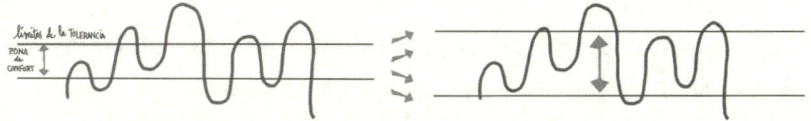

VENTANA DE TOLERANCIA EMOCIONAL. Adaptación de Manuel Perea. Basado en Talleres de "Escuela de Desarrollo Transpersonal".

Fortaleciendo la ATENCIÓN con:

· El recuerdo constante de poner el foco de la atención a lo que ocurre en mi día a día en las tareas cotidianas.

· El triángulo de la conciencia: observando sensaciones físicas, pensamientos y emociones ante las situaciones que aparecen. Nos referimos no sólo a tareas cotidianas, sino también a situaciones difíciles e imprevisibles. Es importante en esta observación triangular sentir internamente la tendencia a reaccionar con un comportamiento, que probablemente será automático e inconsciente, sin que este se despliegue. Es un contacto con nuestro mundo interior. Por ejemplo, ante una discusión con una persona, observar qué lleva a hacer el cuerpo, cuál es su inercia: huir, chillar desmedidamente, querer agredir... por supuesto, sin hacerlo.

· La práctica sostenida de Mindfulness formal, de la que ya tenemos una herramienta: la exploración corporal.

¿Qué beneficios encontramos con la perseverancia en la práctica formal de la Exploración Corporal?:
- Más **conciencia corporal y comunicación con nuestro cuerpo** y sus sensaciones.
- Un desarrollo de **la habilidad de observar, sentir, fuera del juicio de agradable o desagradable**, al margen de que a mi *Avatar* le guste o no le guste lo que siente. Poco a poco, se va desplegando la conciencia testigo, como consecuencia.
- La **presencia,** estar en el momento presente, alejándonos de la dispersión y el descontrol atencional.

TERCER CRITERIO:

LA SINCRONIZACIÓN

Todo ocurre sincrónicamente en *psique, cerebro* (Foco de Hamer específico) y *órgano*.

Veamos estos tres niveles con un ejemplo de una situación percibida como "indigerible":

- Psique: estará inquieta, alerta, sin apetito, rumiando el hecho en sí...

- Cerebro: se activará un FH en Tronco Cerebral, exactamente el que controla el tejido siguiente.

- Órgano: la submucosa de la curvatura mayor del estómago se pone en marcha para "digerir" la situación, aumentando su función y, si es necesario, también sus células.

Con el entrenamiento de la atención y la conciencia que propone Mindfulness, tomando como anclaje la respiración fisiológica, se va desarrollando progresivamente la habilidad de observar el triángulo de la conciencia: pensamientos, emociones y sensaciones corporales.

Conectando con la triada *psique/cerebro/órgano* de la que nos habla el Dr. Hamer, podríamos establecer un vínculo con este triángulo Mindfulness: los pensamientos y las emociones son parte de la *psique* (las *gafas*) a través de la cual interpretamos los estímulos que recibimos y, en función de esto, un área concreta del *cerebro* (Foco de Hamer) se activará seleccionando el *órgano* que mejor respuesta pueda ofrecer, y que a su vez genera respuestas en la *psique*.

Como ya hemos comentado, uno de los propósitos de la experiencia Mindfulness es tomar contacto y desarrollar la conciencia testigo, el observador, que no se involucra en la experiencia juzgando. Una especie de espectador que ve el espectáculo de su vida, mientras él permanece sólido e inamovible.

Para comprender mejor la idea de este "testigo u observador", puedes imaginarte sentado a la orilla de un río mientras pasan flotando troncos en la corriente... troncos que como vienen se van... sin que por eso te identifiques con ellos.

La gran aportación de la observación del triángulo de los elementos de nuestra conciencia y de la interacción entre ellos, es afinar el *darnos cuenta* del recorrido que hace un estímulo que recibimos por nuestros sentidos o a través de una sensación corporal, como consecuencia de un evento inesperado (DHS).

Ante ese estímulo se produce un pensamiento que nos hace inmediatamente interpretar si es agradable o desagradable, al *Avatar* le gusta o no le gusta, provocando una emoción y a su vez, induciendo a la aceptación o al rechazo, llevándonos a reaccionar y a comportarnos de una manera determinada, normalmente automática.

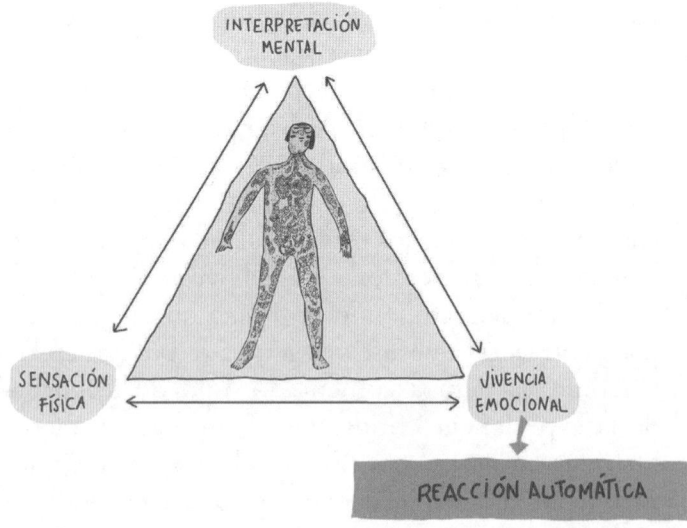

TRIÁNGULO MINDFULNESS. Adaptación de Manuel Perea. Basado en "Mindfulness Funciona", Beatriz Muñoz.

Un ejemplo: ante un dolor de rodilla tras un pequeño golpe, inconscientemente puede venir un pensamiento, un recuerdo de la operación que tuve en la otra rodilla y lo mal que lo viví. Esto hará que mi *Avatar* pueda sentir miedo, contrariedad, que a su vez provocará dolor en la boca del estómago, induciendo a rechazar ese recuerdo, el dolor de rodilla, y quizás el *Avatar* se disperse, se levante a tomar una pastilla para anular ese dolor, para ir corriendo al médico, se plantee dejar de hacer deporte...

Como vemos, una reacción automática que nos deja poco margen a la acción voluntaria y pausada, que quizás sería más ajustada a la realidad: un dolor de rodilla consecuencia de una leve contusión, y que probablemente no implique mayor trascendencia.

2ª LEY BIOLÓGICA:
LA LEY DE LAS DOS FASES DE LA ENFERMEDAD.
¿CÓMO SE DESARROLLA EL PROCESO BIOLÓGICO?

Todo SBS (programa especial con pleno sentido biológico) se presenta en dos fases, siempre que haya "solución" de conflicto.

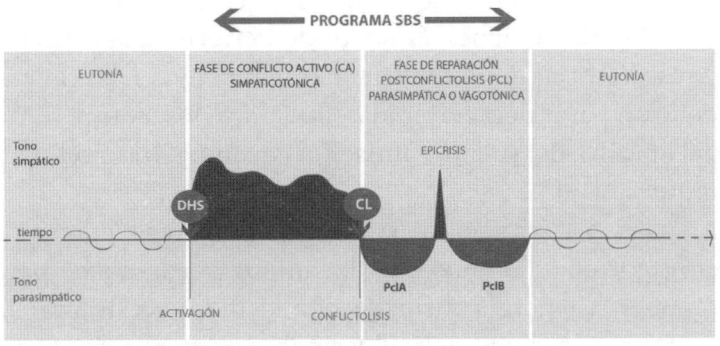

2ª LEY BIOLÓGICA . Adaptación de Cristina Pardo. Basada en gráficos del Dr. R.G. Hamer y del Dr. L.F. Espinosa.

En condiciones normales, nuestra biología sigue un ritmo circadiano, con un nivel más o menos estable de actividad durante el día y un estado de más o menos relax por la noche.

Al enfrentarnos a un DHS se pone en marcha el proceso adaptativo de respuesta, es decir, el SBS, iniciando una primera fase donde se dispara el Sistema Nervioso (SN) Simpático, el encargado de activar todas nuestras funciones de alarma (CA: fase de conflicto activo o FA: fase activa). Véase en la gráfica.

Una vez se soluciona el evento (CL: conflictolisis), bien por solución real —externa—, bien por cambio en la percepción del mismo —solución interna— (nos damos cuenta de que no era tan importante), entra en juego el SN Parasimpático (el que "para" al simpático) en la fase de reparación o post-conflictolisis (FR o PCL), permitiendo la vuelta a la normalidad (normotonía) de los tejidos implicados.

Y todo ocurre en los 3 niveles (psique, cerebro y órgano), tanto la simpaticotonía como la vagotonía o parasimpaticotonía.

Cuando algo repentino desata nuestra preocupación, todo nuestro cuerpo entra en estrés gracias al SN Simpático para poder encontrar una salida a esa situación. Normalmente, en esta FA no apreciamos síntomas orgánicos. Puede haber aumento de la frecuencia cardiaca y respiratoria, de la tensión arterial, manos frías... Pero podrían pasar desapercibidas. Podemos observar pérdida del apetito, del sueño, rumiación continua, irascibilidad, inquietud...

Cuando la situación estresante desaparece, entramos en vagotonía. Al igual que dormimos por la noche para reponer la energía disipada por el día, necesitamos la vagotonía después de un periodo de estrés para recuperarnos. ¿Quién no se ha puesto "malo" alguna vez en vacaciones? Nuestros tejidos inician una reparación que, habitualmente, sí vendrá acompañada de síntomas más evidentes (alivio y relajación mental, cansancio, fiebre, inflamación, dolor, malestar general, junto con los signos propios del tejido/s u órgano/s involucrado/s).

En un momento dado, coincidiendo con el punto más bajo de esa FR, hay un pico simpático a lo que el Dr. Hamer llamó Epicrisis (EC). Es una ayuda para salir de la vagotonía que, en algunos casos, puede ser muy profunda. Es en esta EC que suelen ocurrir la mayoría de episodios súbitos tipo Infarto Agudo de Miocardio, Accidentes Cerebrovasculares o ictus, crisis convulsivas, crisis asmáticas... aunque en algunas ocasiones las EC pueden pasar inadvertidas, por ejemplo, una ausencia, un lapsus mental, un estornudo...

La fase que sigue a la EC suele ser bastante leve, se forman cicatrices y se da poco a poco la vuelta a la normalidad, la normo o eutonía.

Esta gráfica es dinámica. Si no se da la solución de conflicto, o una y otra vez estamos reactivando la vivencia traumática por situaciones que nos conectan con el contenido del DHS, a las que el Dr. Hamer llamó *raíles*, estas respuestas se cronifican, no permitiendo la evolución natural del proceso hasta llegar a la eutonía, dando lugar a cambios que van limitando al organismo, poniéndolo en riesgo de perder sus funciones fisiológicas.

También es necesario recordar que pueden coexistir varios SBS simultáneos, pudiendo coincidir en las mismas fases o unos en FA y otros en FR, activados a la vez por un único evento con varios DHS o por otros DHS previos o posteriores.

En resumen, la mayoría de los síntomas aparecen al inicio de la FR, una vez solucionado el conflicto que desencadenó la puesta en marcha del programa. Sería interesante, cuando los síntomas aparecen, hacerse dos preguntas: **¿de qué se relajó mi *Avatar*?** (esto me ayuda a tomar conciencia del DHS si no me di cuenta) y **¿cómo puedo facilitarle a mi cuerpo su mejor reparación?**

Mindfulness nos invita, a través del entrenamiento en lo cotidiano, a hacer un STOP, a darme cuenta de la interpretación mental, volviendo, retrocediendo con nuestra atención, sin juicio, a las sensaciones corporales que aparecen, pudiendo acompañar así la sensación física, el dolor de rodilla, la fiebre, la cefalea, las nuevas sensaciones de la posible emoción y observando claramente la tendencia recurrente y emocional.

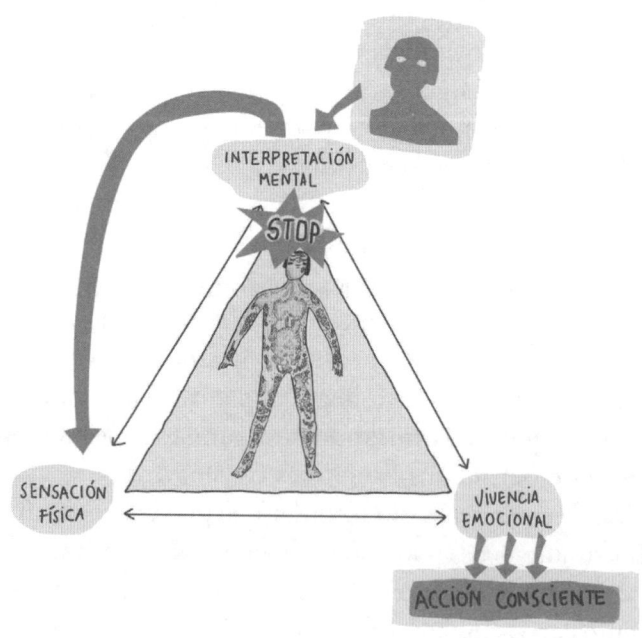

DESPLIEGUE DEL TESTIGO. Adaptación de Manuel Perea, según "Programa de Reducción de Estrés basado en la Atención Plena", Gautame Hermann

Y, como consecuencia de ese STOP, se irán ampliando mis límites de tolerancia de la zona de confort, permitiendo una menor reactividad.

Esto tiene una incidencia directa a la hora de percibir un DHS, dimensionándolo en su justa medida (el supuesto león es tan solo un lindo gatito...), pudiendo atenuar en parte la FA, y una vez aparecen los síntomas de FR (que serán también menos intensos), saber que el curso natural de la biología se está llevando a cabo nos permite instalar la confianza en lo que el cuerpo está expresando a través de sus síntomas, transitándolos con más seguridad y posibilitando una acción consciente frente al piloto automático.

Recordemos que, pese a esto, habrá situaciones y respuestas que no podremos evitar y que nos pueden sobrepasar, y es ahí donde tenemos la oportunidad de tomar otras medidas para llevar la situación en una intensidad menor, con conciencia y sabiendo que mi organismo me está apoyando en este lapso de tiempo, lo que me permite encontrar una solución congruente con lo que siento y entrar en relajación, y facilitar así que el programa llegue a buen puerto.

ENFÓCATE 8

TAREAS SEMANA 2

Todas las miserias del hombre se derivan de no ser capaz de sentarse en silencio, en la soledad de una habitación

B. Pascal

Antes de comenzar la lectura y puesta en práctica de las tareas, observa cómo respira tu *Avatar* durante 2 minutos.

PRACTICA LA ATENCIÓN PLENA

a) Práctica formal – Exploración Corporal: los 6 días de la semana

- Sin albergar expectativas de lo que debe sentir tu *Avatar*, o si le debe gustar o no. Dejando que la experiencia sea tal cual es. Sin juzgar, limitándote a practicar lo que se te dice. Desde un lugar que te hace observar cómo se despliega la experiencia, recorre la práctica, incluso ante una fuerte activación de la interpretación de tu *Avatar* ante la incomodidad.

b) Prácticas en tu vida cotidiana

- Elige una actividad rutinaria de la vida cotidiana de tu *Avatar* y realízala con atención plena cada vez que la hagas (cepillarse los dientes, peinarse, tomar un café, beber un vaso de agua, lavarse las manos, cocinar...). Intenta usar los sentidos del cuerpo que habitas y date cuenta de lo que hace tu *Avatar* mientras lo está haciendo, como si fuera algo muy especial.

c) Juega en 3ª persona con el *Avatar* y su ventana de tolerancia

Identifica situaciones en las que tu *Avatar* se sale de su zona de confort. Utilízalas para que se amplíe tu ventana de tolerancia. Para ello, y desde el observador que no juzga, que simplemente experimenta, colócate en sus límites superior y/o inferior, sosteniendo su incomodidad y:

1. Describe por escrito la situación de la forma más objetiva: "Cuando mi *Avatar* llega al trabajo empieza a sentir nerviosismo, temor"... "Mi *Avatar* tiene que hacer una llamada a un amigo para comentarle que no va a la cena, y le provoca malestar"...

2. ¿Qué pensamientos aparecen?: "Mi *Avatar* piensa que le van a despedir, que no vale para nada, que quiere irse de este trabajo"... "Que dejarán de llamarle para otra cena o reunión, que va a quedarse solo"... Apóyate en la respiración de tu cuerpo físico.

3. ¿Qué siente emocionalmente? "Mi *Avatar* siente miedo por si ha hecho algo que no está bien"... "Temor por si se enfada su amigo"... Apóyate en la respiración de tu cuerpo físico.

4. ¿En qué parte del cuerpo lo siente?: "El cuerpo de mi *Avatar* tiembla, tiene un nudo en el estómago, en la garganta"... Apóyate en la respiración de tu cuerpo físico.

9 MOMENTOS PARA PRACTICAR MINDFULNESS PARA
AVATARES "MUY OCUPADOS"

¿Presto atención a lo que hace el cuerpo que habito?

1. Al despertarse el cuerpo hasta que se levanta de la cama...

2. Al ducharse, asearse, afeitarse, maquillarse o al ir al baño...

3. Al desplazarse (conducir, al viajar en autobús, metro, tren, al caminar por la calle...).

4. Al esperar, semáforo, autobús, metro, tren, a alguien, a una reunión...

5. Al terminar una tarea, cuando aún no has empezado la siguiente...

6. Al tomar un café, comer o beber algo...

7. Al practicar ejercicio físico (gimnasio, nadar, correr...).

8. Al recoger, cocinar, ordenar o realizar actividades rutinarias...

9. Al descansar y al acostarte antes de dormirse...

Recuerda: Es importante realizar la práctica formal cada día para poder integrarla y beneficiarse de ella. Por ello, revisa a diario tu compromiso, especialmente, en estas semanas de curso.

ENFÓCATE 8

SEMANA 3

Respecto al triángulo Mindfulness, al centrarnos en el vértice de nuestra emocionalidad, vamos a acercarnos al mundo de nuestras emociones como mecanismos cerebrales, necesarios, que nos ponen en movimiento ante estímulos externos (las experiencias) o internos (los recuerdos, las sensaciones físicas...), y que nos harán tomar dos caminos posibles en los comportamientos:

a. Reaccionando impulsivamente, automáticamente, como salvaguardia de nuestra vida ante una experiencia que interpretamos como peligrosa, que puede o no serla.

b. Comportándonos conscientemente, eligiendo la respuesta más acorde a la situación que se presenta.

Por ello, es importante considerar las indagaciones científicas que Joseph LeDoux realizó:

LeDoux estudió el funcionamiento de las emociones en mamíferos, y encontró que los estímulos emocionales pueden discurrir por dos circuitos cerebrales diferentes, a los que llamó "vía rápida o corta" y "vía lenta o larga", implicando diferentes partes del cerebro en una y otra vía.

De manera sintetizada, podríamos decir que en la "vía rápida o corta", la del camino automático, el recorrido que hace el estímulo a través del sistema nervioso es una travesía corta, como vemos en el gráfico siguiente, dando lugar a una reacción automática.

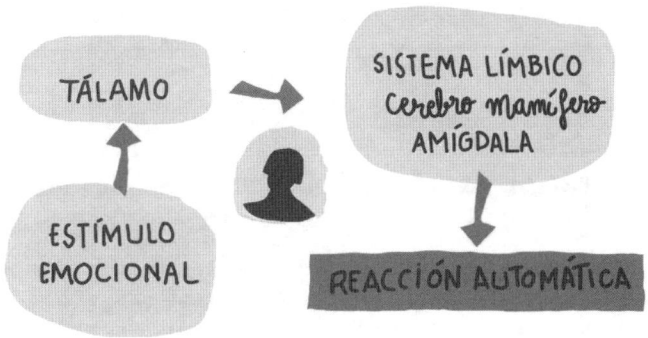

VÍA CORTA NEUROANATÓMICA DE LAS EMOCIONES de Joseph LeDoux.
Adaptación de Manuel Perea. Basado en "Aprende a Practicar Mindfulness", Vicente Simón.

La "vía lenta o larga", la reflexiva, es aquella en que la corteza cerebral se implica significativamente. El camino que hace el estímulo es un recorrido largo. Desde el tálamo se dirige previamente a la corteza cerebral, el neocórtex, que es la zona racional, dando la posibilidad de dar una respuesta consciente en lugar de una reacción automática. Esta respuesta posibilita mayor capacidad adaptativa en contextos complejos y sociales.

Mindfulness nos ayuda a crear sinapsis, nuevas rutas, entre el sistema límbico y el neocórtex, creando trayectorias largas para el estímulo, abriéndonos a la posibilidad de dar respuestas con más equilibrio y rompiendo los automatismos.

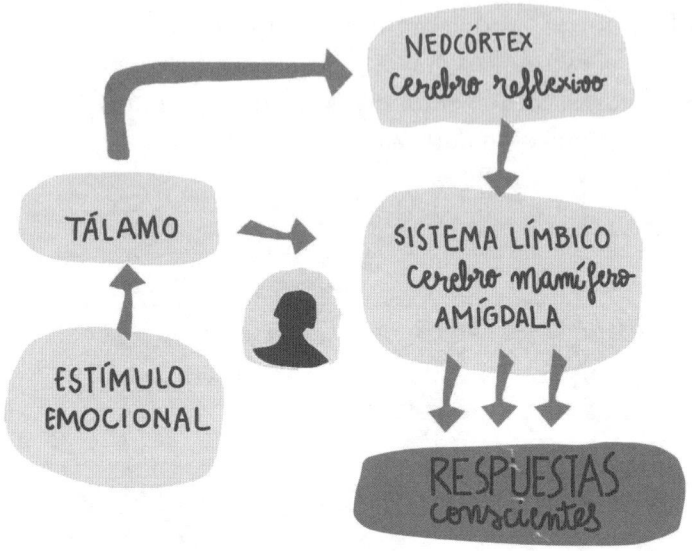

VÍA LARGA NEUROANATÓMICA DE LAS EMOCIONES de Joseph LeDoux. Adaptación de Manuel Perea. Basado en "Aprende a Practicar Mindfulness", Vicente Simón.

Por ello, el entrenamiento de la atención, tanto en la práctica formal, caso de la exploración corporal, como el aprovechar situaciones de baja intensidad emocional para observar el triángulo Mindfulness, y cada tarea cotidiana para acercarnos al cuerpo físico —tan involucrado en dichas actividades—, nos dará la posibilidad de distinguir objetivamente si el estímulo es realmente un peligro para nuestra supervivencia, es decir, un león, un autobús que viene a alta velocidad, la alerta de un posible atraco en la noche... donde la vía corta y la reacción automática será totalmente necesaria y efectiva; o si se trata de una discusión de pareja, un periodo de exceso de responsabilidades laborales, una noche de llanto continuo de nuestro hijo o hija, un dolor de cabeza... en donde podemos incidir a través del desarrollo de la vía larga con una respuesta consciente, dejando de interpretarlo inconscientemente como una amenaza para nuestra vida.

Practicando la observación del triángulo Mindfulness, podemos intervenir al nivel de la *psique* llevando nuestra atención al cuerpo, dándonos cuenta poco a poco de las gafas que llevamos puestas, lo cual tendrá un impacto directo en el sistema nervioso central, creando nuevas rutas entre los dos cerebros, el reactivo y el reflexivo, recorriendo la vía larga y ajustando más la respuesta biológica a la realidad.

3ª LEY BIOLÓGICA: EL SISTEMA ONTOGÉNICO DE LOS TEJIDOS. ¿CÓMO SE COMPORTAN LOS TEJIDOS?

Recordemos la 1ª y 2ª LB: un DHS (Síndrome de Dirk Hamer) dispara una fase activa (FA) simpaticotónica para afrontarlo que, según las gafas con que sea percibido, activará un SBS (Programa Especial con Sentido Biológico) u otro, y una vez resuelto, bien por solución externa, bien por solución interna, dará paso a una fase de reparación (FR) vagotónica, que permitirá la vuelta a la normalidad de los tejidos.

Supongamos el caso del que está esperando un ascenso en su trabajo y recibe la noticia de que ese puesto se lo han dado a un compañero. Puede ser que esto lo viva de varias maneras, única o simultáneas:

1. Le acaban de "quitar algo" que daba por suyo: bajo esta percepción biológica, sus amígdalas faríngeas del lado derecho aumentarán su función con mayor secreción y comenzarán a crecer intentando "atrapar el bocado" que acaban de arrancarle. Al solucionarse la situación aparecerá edema, inflamación y pus por presencia de microorganismos, que vienen a ayudar a eliminar el tejido que creció en FA, para volver a la normalidad.

2. Puede que sienta que va a ser juzgado en su familia, ya que esperaban el ascenso, y puede vivirlo como un ataque a su imagen: esto daría lugar a un engrosamiento de la dermis de la cara por crecimiento celular para protegerse del posible impacto de un supuesto "insulto". Cuando ocurra la solución del conflicto, podría aparecer edema, hinchazón, sudores nocturnos... dando lugar a abscesos o acné, por ejemplo. La presencia de microorganismos aquí tendría el mismo propósito que en el caso anterior: ayudar a eliminar el exceso de tejido.

3. Quizás sienta que no es lo suficientemente bueno para ese puesto: en FA, la musculatura y huesos de la cabeza (donde ubicamos la inteligencia) comenzarán a adelgazarse, buscando hacerse "moldeables" para facilitar una mayor maleabilidad para un mejor aprendizaje. Cuando se dé la solución del DHS, habrá dolor de cabeza, puede que fiebre, inflamación y remodelación celular que, a largo plazo, pretende fortalecer la función.

4. Puede sentir una amenaza en su territorio, que podrían llegar a quitarle su puesto de trabajo: en FA se ulcera la capa interna de la pared de los bronquios para aumentar el calibre de su luz y dejar pasar más aire, y así poder "gritar" con más fuerza para defender lo propio. Al resolverse la situación, aparece hinchazón y crecimiento celular para reparar la pérdida de tejido inicial, congestión bronquial, tos inicialmente seca y luego productiva...

Con estos ejemplos, podemos ver que hay tejidos que actúan creciendo en FA y reduciéndose en solución y otros que lo hacen justo al revés. El Dr. Hamer observó que esto depende del origen embrionario de cada tejido. Los dos supuestos primeros del ejemplo citado corresponden a desafíos más arcaicos (supervivencia y protección) y los siguientes a retos más evolucionados en el tiempo (el rendimiento en nuestro desempeño y lo social: el territorio, la manada).

Durante la gestación, inicialmente se forman unas capas embrionarias de las que derivan todos los órganos y tejidos del organismo, con esa correlación de funciones más básicas o más complejas, siendo las capas de ENDODERMO (ENDO) y MESODERMO ANTIGUO (MA) las responsables de la formación de los tejidos con funciones básicas de supervivencia y protección, respectivamente, y las de MESODERMO NUEVO (MN) y ECTODERMO (ECTO) las encargadas del desarrollo de los tejidos que van a hacer frente a desafíos relacionados con el rendimiento en el hacer y la relación social en el territorio.

A su vez, el cerebro más primitivo (Tronco Cerebral y Cerebelo) controla los tejidos que derivan de las capas más antiguas dentro del proceso de diferenciación embrionario, esto es ENDO y MA, y el cerebro más moderno (Sustancia Blanca y Corteza Cerebral) dirige los tejidos que proceden de las hojas embrionarias filogenéticamente más avanzadas, es decir, MN y ECTO. Esto implica una correlación evolutiva de hojas embrionarias, cerebro y tejidos.

Así, muy a grandes rasgos, tenemos que los tejidos derivados del **Endodermo** son los encargados de la **Supervivencia**: respiración, digestión, reproducción, eliminación y la parte más arcaica de los órganos de los sentidos.

Los tejidos provenientes del **Mesodermo Antiguo** son los destinados a la **Protección**: la dermis, las membranas que envuelven los órganos (pericardio, pleura, peritoneo...), las glándulas mamarias...

Los tejidos que tienen su origen en **Mesodermo Nuevo** son los diseñados para el **Rendimiento**, siendo su mayor exponente el sistema musculo-esquelético.

Y los tejidos que proceden del **Ectodermo** son los implicados en su mayoría en los vínculos y el **Territorio**: epidermis, laringe, bronquios, arterias y venas coronarias, cuello del útero y vesículas seminales, curvatura menor del estómago, mucosa rectal, vías urinarias, la parte más compleja de los órganos de los sentidos...

Sintetizando, como hemos visto con el ejemplo anterior, los tejidos que afrontan situaciones de supervivencia (caso 1) y protección (caso 2), derivados de **ENDO y MA**, **crecen en FA y se descomponen en FR**, y los tejidos procedentes de **MN y ECTO**, que enfrentan retos de rendimiento (caso 3) y de la interacción en sociedad (caso 4) **se atrofian o ulceran en FA y se restituyen en FR**.

Podemos verlo de manera esquematizada en la siguiente tabla:

TERCERA LEY: SISTEMA ONTOGÉNICO DE LOS TEJIDOS Y SUS FUNCIONES

	SIMPATICOTONÍA Fase de conflicto activo (CA)	VAGOTONÍA Fase de reparación. Postconflictolisis (PCL)	NORMOTONÍA/ EUTONÍA
CEREBRO NUEVO Corteza cerebral Sustancia blanca	Reducción de función. Atrofia celular. Necrosis del tejido o úlceras.	Inicialmente reducción de función y posterior normalización. Multiplicación celular. Restitución del tejido. Presencia de bacterias y partículas virales	Cicatriz escamosa. Calcificaciones.
CEREBRO ANTIGUO Cerebelo Tronco cerebral	Aumento de función. Proliferación celular y de micobacterias	Reducción de función y del crecimiento celular mediante micobacterias y hongos.	Cavernas. Calcificaciones. Quistes o fibroadenomas encapsulados.

3ª LEY BIOLÓGICA. Adaptación de Cristina Pardo. Basada en gráficos del Dr. R.G. Hamer y del Dr. L.F. Espinosa.

4ª LEY BIOLÓGICA: EL SISTEMA ONTOGÉNICO DE LOS MICROORGANISMOS. ¿CÓMO PARTICIPAN LOS MICROORGANISMOS?

El Dr. Hamer observó que cada tejido tiene acceso a distintos microorganismos para ayudar a la restauración, esto es, aparecen siempre en FR como hemos visto, y el tipo de microorganismo implicado va a depender del origen embrionario del tejido.

En los órganos derivados de ENDO y MA son hongos y micobacterias (siempre que no hayan sido erradicados, por ejemplo, con vacunas) los que por medio de caseificación descomponen el crecimiento celular, pudiendo dar lugar a granulomas o quistes.

En los tejidos formados a partir de MN y ECTO tenemos virus (si es que existen, hay teorías que los ponen en cuestión) y bacterias, y son los encargados de reparar el tejido ulcerado o atrofiado en FA.

Como vemos, en unas ocasiones actúan "de coche escoba", retirando el exceso de tejido y en otras de "albañiles", reconstruyendo las pérdidas tisulares.

Proponemos las siguientes referencias para ampliar las teorías cooperativas en relación a nuestros diminutos colaboradores:

- Lynn Margulis: "Teoría de la endosimbiosis seriada"
- www.somosbacteriasyvirus.com

5ª LEY BIOLÓGICA: QUINTAESENCIA.
SOBRE EL SENTIDO BIOLÓGICO DEL PROCESO:
¿PARA QUÉ?

Con lo expuesto hasta aquí, podemos fácilmente comprender que cada SBS tiene un propósito. No hay nada erróneo en la naturaleza. Lo que se pone en marcha es un programa especial con pleno sentido biológico. La aparición de lo que llamamos "enfermedad" no es otra cosa que un recurso de la naturaleza, un proceso biológico en ocasiones sobrepasado de su límite natural. El comportamiento fisiológico de los tejidos está enfocado a ofrecer la mejor estrategia de supervivencia ante una situación percibida como peligrosa desde la biología, con todos los condicionantes antes mencionados.

Es importante tener presente que en la Naturaleza los conflictos son limitados en el tiempo: sobrevives o mueres. No hay mucho más. Invitamos a abrir la conciencia con esta perspectiva para poder captar mejor la esencia de cada SBS, que es una respuesta especial diseñada para una situación puntual de urgencia, destinada a la supervivencia del individuo y/o del grupo.

Cabe señalar aquí que la enfermedad es un concepto cultural "acordado" modernamente por "comités científicos" para nombrar un conjunto de signos y síntomas pero, en realidad, eso es una concepción teórica y no una entidad real en sí misma. Lo que verdaderamente existe es cada signo, cada síntoma. Lo demás es un acuerdo para abordarlo desde la institución sanitaria y que, si bien ha traído muchas ventajas a la hora de ser estudiado y tratado en algunos aspectos, también es cierto que implica una limitación justo en esas mismas áreas, a la hora de ampliar su conocimiento y, en consecuencia, su terapéutica.

Con el ejemplo explicado en la 3ª LB vemos que el comportamiento de los tejidos en cada fase tiene una finalidad. Como hemos visto hasta ahora, la biología juega a nuestro favor.

El propósito del comportamiento de cada tejido está en su función, en su razón de ser. Así, como hemos comentado, los tejidos derivados de ENDO tienen su objetivo puesto en garantizar la supervivencia básica. Los que proceden de MA pretenden asegurar la protección. Los tejidos de MN son los que refuerzan el rendimiento. Y los ectodérmicos son los responsables de nuestro manejo de los afectos y el territorio.

En los capítulos que siguen iremos explorando cada hoja embrionaria con algunos ejemplos para poder entenderlo mejor.

ENFÓCATE 8

TAREAS SEMANA 3

Escuchar al corazón no es fácil. Saber quién eres no es fácil.
Se necesita trabajo y valor para llegar a saber qué y quién eres

SUE BAKER

Antes de comenzar la lectura y puesta en práctica de las tareas, observa cómo respira tu *Avatar* durante 3 minutos.

PRACTICA LA ATENCIÓN PLENA

a) Práctica formal - Exploración Corporal

- (*) Regulación Emocional. Presencia en la Emoción

Abandónate al recorrido que hace la práctica guiada. Trae a tu conciencia una situación conflictiva, de baja intensidad emocional, que tu Avatar esté viviendo en estos momentos de su vida. Recuerda que estás entrenando tu atención y que se va construyendo en tu interior el observador que, sin juicio, acepta que se despliegue la experiencia a su ritmo. Por ello, ábrete hasta donde tu conciencia te permita, sin lucha por solucionar el conflicto, sosteniendo al Avatar en sus límites de tolerancia. Sé consciente de cómo se amplía su zona de confort. Alterna cada día una de estas dos prácticas.

b) Continúa integrando prácticas en tu vida cotidiana

- Elige una actividad rutinaria de la vida cotidiana de tu *Avatar* y realízala con atención plena cada vez que la hagas (cepillarse los dientes, peinarse, tomar un café, beber un vaso de agua, lavarse las manos, cocinar...). Intenta usar los sentidos del cuerpo que habitas y date cuenta de lo que hace tu *Avatar* mientras lo está haciendo, como si fuera algo muy especial.

c) Prácticas y juegos con el triángulo de tu *Avatar*

- Registra por escrito, desde el observador, diferentes situaciones cotidianas en las que el cuerpo emocional de tu *Avatar* siente una emoción. Recuerda alejarte del juicio de agradable o desagradable.

  a) Describe brevemente la situación.

  b) ¿Qué discurso interpretativo hace tu *Avatar*?

  c) ¿Qué siente emocionalmente? ¿Miedo, ira, alegría, tristeza...?

  d) ¿En qué parte del cuerpo la siente el *Avatar*? Permítela y siéntela.

  e) ¿Qué reacción tiene internamente el *Avatar*? ¿Qué le impulsa a hacer?

(*) Regulación Emocional. Presencia en la Emoción

El mundo de las emociones nos hace ponernos en movimiento, y ser conscientes de ellas nos ayuda a ver desde donde nos relacionamos con las experiencias en nuestra cotidianidad.

En muchos casos, son la causa de la mayoría de los conflictos internos y externos, debidos a una gestión no muy eficaz. Básicamente, la inhibición por sentirlas, la identificación con ellas y el desbordamiento teatral que pueden provocarnos.

Con esta práctica formal, os invitamos a poneros delante de ellas para conocerlas y atravesarlas. Es un recorrido que nos puede asustar, pero con este entrenamiento de la atención podemos entrar y mantenernos en ese túnel que seguro que tiene la boca de salida antes de lo esperado, y que nos traerá aprendizaje y sabiduría.

Os proponemos trabajar vuestra emocionalidad con la siguiente grabación: Presencia en la emoción. Un apoyo en la regulación emocional de nuestro mundo interior.

A medida que aprendemos a darles espacio, las emociones se vuelven más vivas. Esto al principio nos puede abrumar, hasta que encontramos un punto medio en el que podemos reconocerlas e investigarlas: cómo se reflejan en el cuerpo, las historias que cuenta la mente acerca de ellas y la relación que guardan con nuestro pasado. Por tanto, los pasos para gestionar nuestras emociones desde la experiencia Mindfulness son: no apartarlas, respirarlas, sentirlas, transitarlas, buscarles el sentido, dejarlas ir.

Se trata de transformar la energía emocional en resultados positivos: una mejor comprensión de la situación, un mayor auto-cuidado y, si las circunstancias lo requieren, una acción consciente externa apropiada al estímulo, a fin de reorientar la situación en una dirección constructiva.

Recuerda: Es importante realizar la práctica formal cada día para poder integrarla y beneficiarse de ella. Por ello, revisa a diario tu compromiso, especialmente, en estas semanas de curso.

ENFÓCATE 8

SEMANA 4

EL LENGUAJE DEL ENDODERMO

Como hemos visto, según el origen embrionario, los tejidos presentan un comportamiento en FA (fase activa) y el contrario en FR (reparación), y tienen un reto frente al que responder, ya sea de supervivencia, protección, rendimiento o de territorio.

Es importante considerar que la mayoría de los órganos tienen tejidos de diferentes hojas germinales. Por ejemplo, en pulmón, los alveolos derivan de Endodermo, la capa interna de los bronquios de Ectodermo, la pleura de Mesodermo Antiguo...

Recordemos también que normalmente hay varios programas en curso y que estos pueden coincidir en FA, o unos en FA y otros en FR, varios en FR... además de tener en cuenta los *raíles* que nos conectan con memorias asociadas a traumas (DHS) y nos pueden hacer permanecer en bucle en una continua activación-reparación, como comentamos previamente.

Como ya sabemos, los tejidos procedentes de Endodermo hacen frente a desafíos relacionados con la **supervivencia básica**, y en FA aumentan de tamaño y función y en FR la disminuyen.

Su centro de control cerebral es el cerebro más arcaico, como vimos, el **Tronco del Encéfalo**.

En la siguiente imagen podemos ver los distintos tejidos que se controlan desde esta área cerebral, en un corte transversal del tronco encefálico:

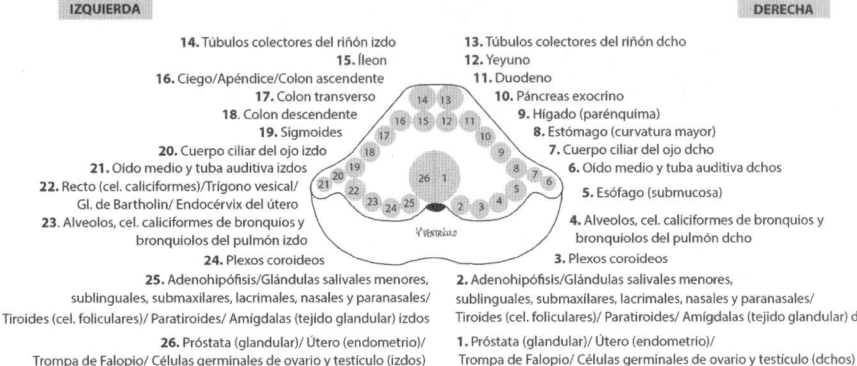

IZQUIERDA

14. Túbulos colectores del riñón izdo
15. Íleon
16. Ciego/Apéndice/Colon ascendente
17. Colon transverso
18. Colon descendente
19. Sigmoides
20. Cuerpo ciliar del ojo izdo
21. Oído medio y tuba auditiva izdos
22. Recto (cel. caliciformes)/Trígono vesical/ Gl. de Bartholin/ Endocérvix del útero
23. Alveolos, cel. caliciformes de bronquios y bronquiolos del pulmón izdo
24. Plexos coroideos
25. Adenohipófisis/Glándulas salivales menores, sublinguales, submaxilares, lacrimales, nasales y paranasales/ Tiroides (cel. foliculares)/ Paratiroides/ Amígdalas (tejido glandular) izdos
26. Próstata (glandular)/ Útero (endometrio)/ Trompa de Falopio/ Células germinales de ovario y testículo (izdos)

DERECHA

13. Túbulos colectores del riñón dcho
12. Yeyuno
11. Duodeno
10. Páncreas exocrino
9. Hígado (parénquima)
8. Estómago (curvatura mayor)
7. Cuerpo ciliar del ojo dcho
6. Oído medio y tuba auditiva dchos
5. Esófago (submucosa)
4. Alveolos, cel. caliciformes de bronquios y bronquiolos del pulmón dcho
3. Plexos coroideos
2. Adenohipófisis/Glándulas salivales menores, sublinguales, submaxilares, lacrimales, nasales y paranasales/ Tiroides (cel. foliculares)/ Paratiroides/ Amígdalas (tejido glandular) dch
1. Próstata (glandular)/ Útero (endometrio)/ Trompa de Falopio/ Células germinales de ovario y testículo (dchos)

Adaptación de Cristina Pardo. Basada en gráficos del Dr. R.G. Hamer y del Dr. L.F. Espinosa.

Vamos a ver algunos ejemplos de respuestas de Endodermo:

- Si mi percepción biológica es miedo a morir por falta de aire, por ejemplo, por una crisis aguda de asma, una crisis de ansiedad, o al subir una altitud importante, en FA mis alveolos pulmonares, donde se realiza el intercambio aire-sangre a nivel pulmonar, van a aumentar su función y su tamaño para hacerme llegar más oxígeno a la sangre... En FR recordemos que ese crecimiento de más deberá ser degradado por microorganismos y podría dar lugar a una neumonía...

- Si mi biología percibe miedo a morir de hambre, por ejemplo, porque he perdido mi trabajo, en FA mi hígado aumentará de tamaño con el fin de aumentar las reservas, y en FR se descompone el exceso de tejido pudiendo dar lugar a hepatitis, abscesos hepáticos...

- Si vivo una situación que interpreto como de pérdida de referentes, por ejemplo, porque me he mudado de ciudad (a esto el Dr. Hamer le llamó el PRÓFUGO), en FA mis túbulos colectores renales aumentarán su función reabsorbiendo más agua, igual que hace un pez fuera del agua, por lo que pueden aparecer hinchazón generalizada, ojeras, edemas en piernas, aumento de peso... y en FR comenzaré a orinar abundantemente.

- Si una mujer no se queda embarazada y su biología siente amenazada su descendencia, la mucosa uterina aumentará en FA buscando prepararse para una posible anidación, y en FR se eliminará ese crecimiento, por ejemplo, con una candidiasis. Esto también puede ocurrir en situaciones que son percibidas como algo "feo, sucio" en las relaciones sexuales, por ejemplo, no atreverse a decir que no o a pedir algo concreto, por pudor, por miedo, por falta de confianza, por no querer exponerse... Es la feminidad biológica más primaria, en el sentido de más conectada a la naturaleza animal.

- El mismo caso en un hombre con relación a sentir la descendencia en riesgo, por ejemplo, por una disfunción eréctil, o porque sus hijos "no le dan" nietos... Su glándula prostática aumentará de tamaño y función en FA, y de nuevo tendrá que ser reducida en FR, pudiendo presentar una prostatitis. También, como en el caso de la mucosa uterina, puede ocurrir en situaciones "feas, desagradables" en cuanto a la vivencia más instintiva de la sexualidad, en su sentir masculino biológico más puro.

- Si estoy viviendo una situación de la que me quiero deshacer, percibida como una "guarrada" desde mi ser biológico, mis intestinos aumentarán su función reabsorbiendo agua y aumentando la secreción de moco, dando lugar a heces duras y con moco en FA, y en FR aparecerá distensión abdominal, gases, enlentecimiento del tránsito, con dolores tipo cólico y diarrea en epicrisis.

- Si mi biología siente la necesidad de atrapar un bocado "material", por ejemplo, el caso del ascenso que vimos anteriormente, mi amígdala faríngea derecha crecerá en FA dando lugar a una amigdalitis en FR.

- Si estoy esperando escuchar la noticia del ascenso, vivido desde la biología como un bocado "auditivo" que necesito atrapar, habrá un aumento de tejido, moco junto con hiperacusia (audición agudizada) en oído derecho en FA, con destrucción del tejido de más con pus dando lugar a una otitis en FR.

En los tejidos pares derivados del Endodermo (tiroides, glándulas lacrimales, oídos, amígdalas...), lo que se expresa en el lado derecho hace referencia a lo que necesito "atrapar", y lo que se presenta en el lado izquierdo a aquello que necesito "eliminar" para mi supervivencia básica.

Esto parece encontrar su justificación en una relación estrecha de la forma embrionaria anular primitiva con nuestros antepasados evolutivos, los organismos unicelulares ancestrales, en lo que parece ser una imitación del funcionamiento de atrapar y desechar el bocado por un orificio común que posteriormente se dividió en una supuesta puerta de entrada, a la derecha, y una de salida, a la izquierda. (Más información en "Resumen de la Nueva Medicina" del Dr. R. G. Hamer, pág. 110; "Guía Psique-Cerebro-Órgano" del Dr. L. F. Espinosa, pág. 76).

¿QUÉ ME ESTÁN TRADUCIENDO ESTOS ÓRGANOS Y TEJIDOS?

Me hablan del "bocado" esencial, lo básico para mi supervivencia: lugar de referencia, alimento, aire y reproducción arcaica.

Me hablan de mi habilidad instintiva para saber qué NECESITO y proporcionármelo. TOMAR lo que necesito y SOLTAR aquello que ya no. Tan importante es poder tener lo que siento que preciso como poder deshacerme de lo que ya no me permite avanzar.

Expresan, sobre todo, MIEDO a no tener lo que necesito para mi supervivencia. Y el miedo puede manifestarse a veces como necesidad de pasar desapercibido, por ejemplo, frente a un depredador, a veces como necesidad de ser visto, como sería el caso de una cría que si no la ven corre el riesgo de no ser alimentada.

El Dr. Hamer observó que, además de las respuestas biológicas orgánicas, se generaban respuestas comportamentales y conductuales bajo la misma lógica de ofrecer la mejor estrategia de supervivencia, y a esto lo llamó Constelación Cerebral, como hemos reseñado en la introducción. La explicación de la complejidad de estas respuestas que, de alguna manera, vienen a justificar los distintos trastornos de comportamiento, haciendo un gran aporte a la Psicología y a la Psiquiatría, no son objeto de este programa, aunque sí merece la pena nombrarlas y tenerlas en cuenta.

Así, estados de desconcierto, aturdimiento, desorientación, confusión, bloqueo mental, incapacidad de razonar... pueden aparecer cuando vivimos una situación de pérdida de referentes o de aquello que consideramos vital para nuestra supervivencia, como respuestas conductuales adaptativas.

Recordemos que es la percepción biológica la que manda, así que cualquier evento, lugar, persona, condición, objeto... que, por mi historia de vida, haya adquirido esa tonalidad de necesidad "vital", podrá poner en marcha los programas del Endodermo. Es el *cómo* (las gafas) y no el *qué* (el hecho en sí) lo que marca la respuesta biológica, como ya hemos visto.

Esto determina que mi biología perciba como esenciales para mi supervivencia circunstancias que, sin ser realmente básicas para la supervivencia, por mi experiencia de vida pueden llegar a ser consideradas como tales y, desde ahí, esas dependencias que hemos generado nos hacen sentir que "nos morimos" si las perdemos. ¿Quién no ha dicho alguna vez "si no tengo esto o aquello me muero", "si pierdo esto o a esta persona me muero..."?

Vale la pena revisar aquí a qué le hemos **transferido** esa cualidad de **necesidad vital** y de qué manera nos movemos con eso.

Es aquí donde las herramientas de Mindfulness hacen su valiosísima aportación para seguir dándome cuenta de cuáles son las gafas y los comportamientos de mi *Avatar* para, poco a poco, poder ir desempañando el cristal a través del cual percibe la vida,

Para ello, si recuperamos el triángulo Mindfulness, las gafas del *Avatar* son la psique, esto es, los pensamientos y las emociones que nos filtran la vida. Ante los diferentes eventos interpretados como una amenaza "real" para la supervivencia, el recorrido del estímulo emocional seguirá la vía cerebral corta, como vimos, reaccionando automáticamente. Y en muchas ocasiones, puede que solo internamente, con gran sufrimiento, en silencio y total soledad. Probablemente por el propio juicio de no ser la reacción proporcional a la situación, pero sin poder modificarlo, agravando así la vivencia biológica, con más presión aún si cabe. Es importante remarcar esto porque, para que un suceso alcance a ser un DHS, ha de ser vivido en soledad, como ya sabemos, además de agudo, traumático e inesperado.

Y es ese STOP que hacemos en la psique mental una y otra vez, para volver al cuerpo y sus sensaciones, el que posibilitará la limpieza de las gafas, integrándose cada vez más el observador/testigo. Esto permitirá ir reemplazando las reacciones automáticas por gestos conscientes, más en sintonía con la realidad "objetiva" que estoy viviendo, minimizando y atenuando así las respuestas biológicas, para ir enfocándonos hacia una vida más equilibrada y armoniosa.

ENFÓCATE 8

TAREAS SEMANA 4

Las cosas mejores y más hermosas no se ven ni se oyen,
pero pueden sentirse con el corazón.

HELLEN KELLER

Antes de comenzar la lectura y puesta en práctica de las tareas, observa cómo respira tu *Avatar* durante 4 minutos.

PRACTICA LA ATENCIÓN PLENA

a) Práctica formal - Exploración Corporal

- Regulación Emocional. Presencia en la Emoción

Abandónate al recorrido que hace la práctica guiada. Trae a tu conciencia una situación con carga emocional, que tu *Avatar* esté viviendo en estos momentos de su vida. Recuerda que estás entrenando tu atención y que se va construyendo en tu interior el observador que, sin juicio, acepta que se despliegue la experiencia a su ritmo. Por ello, ábrete hasta dónde tu conciencia te permita, sin lucha por solucionar el conflicto y sí, sosteniendo al *Ava-*

tar en sus límites de tolerancia. Se consciente de cómo se amplía su zona de confort.

Alterna cada día una de estas dos prácticas.

b) Continúa integrando prácticas en tu vida cotidiana

- Elige una actividad rutinaria de la vida cotidiana de tu *Avatar* y realízala con atención plena cada vez que la hagas (cepillarse los dientes, peinarse, tomar un café, beber un vaso de agua, lavarse las manos, cocinar...). Intenta usar los sentidos del cuerpo que habitas y date cuenta de lo que hace tu *Avatar* mientras lo está haciendo, como si fuera algo muy especial.

- Elige cada día, almuerzo o cena, para alimentar a tu *Avatar* con atención plena. Te invitamos a descubrir el límite del cuerpo de tu *Avatar* cuando se alimenta. Experimenta la sensación de saciarse, y date cuenta si lo respetas. Anota tus tomas de conciencia.

  · Mi *Avatar* se siente saciado, pero continúa comiendo.
  · Mi *Avatar* no se siente saciado y continúa comiendo hasta sentirlo.
  · Mi *Avatar* se siente saciado y deja de comer.
  · Mi *Avatar* no se siente saciado y no continúa comiendo.
  · ...

c) Prácticas y juegos con el triángulo de tu *Avatar*

- Registra por escrito, desde el observador, diferentes situaciones cotidianas en las que el cuerpo emocional de tu *Avatar* lo arrastra inconscientemente a buscar alimento, a tomar alcohol, a picotear... Píllalo. Observa si eres o no duro con tu *Avatar*. Esa dureza es también el

Avatar. Simplemente necesita que lo escuches y lo acojas con amabilidad, saliendo de su mente enjuiciadora.

a) Describe brevemente la situación que provoca ese impulso de tu *Avatar* a comer, beber...

b) ¿Qué discurso interpretativo hace tras esa situación?

c) ¿Qué siente emocionalmente? ¿miedo, ira, alegría, tristeza...?

d) ¿En qué parte del cuerpo la siente el *Avatar*? Permítela y siéntela desde el observador.

e) ¿Has podido ser consciente del impulso? ¿antes, durante, después? ¿has podido elegir otra respuesta?

Recuerda: Es importante realizar la práctica formal cada día para poder integrarla y beneficiarse de ella. Por ello, revisa a diario tu compromiso, especialmente, en estas semanas de curso.

ENFÓCATE 8

SEMANA 5

EL LENGUAJE DEL MESODERMO ANTIGUO

Repasemos una vez más: según el origen embrionario, los tejidos presentan un comportamiento en FA (fase activa) y el contrario en FR (fase de reparación), y enfrentan retos de supervivencia, protección, rendimiento o territorio.

Es de importancia recordar que la mayoría de los órganos tienen tejidos de diferentes capas embrionarias. Por ejemplo, en la mama tenemos tejido glandular que deriva de Mesodermo Antiguo, tejido conectivo que procede de Mesodermo Nuevo, los conductos galactóforos que tienen su origen en Ectodermo...

Tengamos presente de nuevo que normalmente hay varios programas en curso y que estos pueden coincidir en FA, unos en FA y otros en FR, varios en FR... además de tener en cuenta los *raíles* que nos disparan directamente un SBS al ser memorias asociadas a traumas, como ya hemos mencionado, sin vivir previamente un DHS.

Como ya sabemos, los tejidos procedentes de Mesodermo Antiguo hacen frente a desafíos relacionados con la **protección,** y en FA aumentan de tamaño y función, y en FR disminuyen, al igual que los tejidos endodérmicos, como ya vimos.

Su centro de control cerebral es el **Cerebelo.**

En la siguiente imagen tenemos los distintos tejidos que se controlan desde esta área cerebral, visto el nivel cerebeloso en un corte axial:

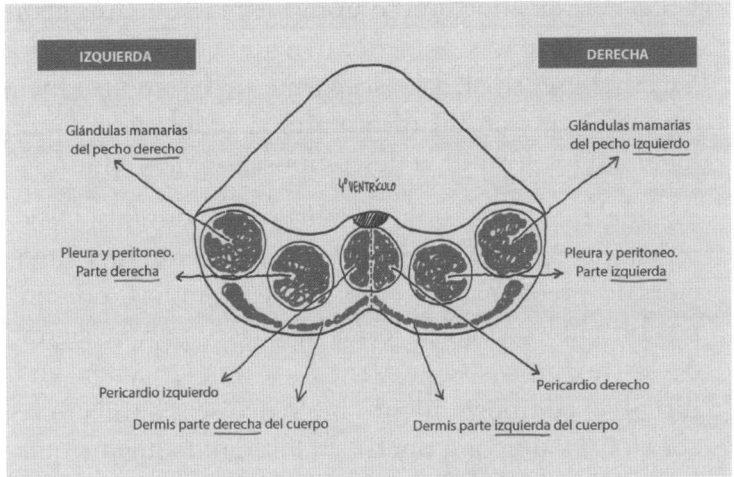

Adaptación de Cristina Pardo. Basada en gráficos del Dr. R.G. Hamer y del Dr. L.F. Espinosa.

Vamos a ver algunos ejemplos de SBS de Mesodermo Antiguo:

- Una situación vivida como un insulto, una injuria, un agravio, una mofa... En resumen, sentida biológicamente como un ataque a la propia imagen, dará lugar en FA a un engrosamiento de la dermis de la cara por crecimiento celular para protegerse del supuesto impacto agresivo. Cuando ocurra la solución del conflicto aparecerá edema, hinchazón, sudores nocturnos... formando abscesos o acné, por ejemplo. La presencia de microorganismos aquí tiene el propósito, como ya hemos visto, de ayudar a eliminar el exceso de tejido.

- Una vivencia de pisar algo percibido como sucio o asqueroso, por ejemplo, fango, los baños de una piscina, aplastar una cucaracha... hará crecer el tejido dérmico de la planta de los pies en FA y en FR se degradará, por ejemplo, con lesiones típicamente achacadas a hongos.

- Un evento del que quiero librarme hará que mis glándulas sudoríparas aumenten su función en FA para hacerme escurridizo y escaparme de la circunstancia embarazosa, y en FR disminuirá la sudoración dando lugar a mal olor por la descomposición del tejido.

- Al igual que la glándula mamaria crece durante la lactancia para nutrir y proteger a la cría, ante una situación de preocupación en el hogar (familia), por una posible enfermedad de los/as hijos/as, o porque alguno de los miembros se encuentre en una situación vital difícil, el comportamiento biológico será similar: crecer en FA y descomponerse en FR, dando lugar a quistes, fibromas, abscesos, mastitis...

- Un diagnóstico de enfermedad abdominal que precise cirugía, si biológicamente es percibido como un ataque a la integridad de mi abdomen, hará que el peritoneo (la capa que envuelve y protege las vísceras abdominales) crezca en FA, y cuando entre en FR eliminará ese crecimiento pudiendo desarrollar una peritonitis. Situaciones similares darán lugar a pleuritis (de la pleura que envuelve la cavidad torácica y los pulmones) o pericarditis (la membrana que protege al corazón), por vivencias reales o subjetivas de ataque a pulmón y a corazón, respectivamente.

REGLA DE LA LATERALIDAD BIOLÓGICA

El Dr. Hamer descubrió que ser diestro o zurdo establece en qué hemisferio cerebral impacta un determinado shock biológico en los tejidos derivados de Mesodermo Antiguo, Mesodermo Nuevo y Ectodermo. En el caso de los tejidos Endodérmicos no se aplica esta regla.

Esto nos permite orientar acerca de con quién estaría relacionada la situación que está haciendo reaccionar a mi biología.

Así, en personas diestras la afectación en el lado derecho del cuerpo está relacionada con los iguales (hermanos y hermanas, colegas, amistades, padre, pareja...) y en el lado izquierdo con la línea materno-filial (madre, descendientes, mascotas, personas al cuidado...). En las personas zurdas será justo al contrario.

Hay que resaltar que esto tiene sus excepciones porque, como siempre, es la percepción la que define la vivencia. Por ejemplo, si tengo que cuidar a mi padre porque entra en una situación de dependencia a causa de un deterioro en su salud, pasaría a la línea de "personas al cuidado". Y tampoco se aplicará ante shocks locales (por ejemplo, una puñalada por la espalda, literal o figurada)

¿QUÉ ME ESTÁN TRADUCIENDO ESTOS ÓRGANOS Y TEJIDOS?

Los tejidos de Mesodermo Antiguo hablan de SEGURIDAD y PROTECCIÓN, de sentirnos "a salvo".

Es lo que verdaderamente SIENTO, siente mi biología, visceralmente. ¿Se siente cómoda, confortable, relajada, confiada, segura, protegida, a salvo...?

Así que todo lo que nos haga temer por nuestra integridad, sentirnos vulnerables, "al descubierto", como si hubiéramos perdido esa capa dérmica que nos resguarda, y que nos haga sentir un ataque, tanto externo como interno, real o figurado, pondrá en marcha estos programas biológicos de protección.

Como ya hemos dicho tantas veces, es la percepción biológica la que determina la respuesta. Y, nuevamente, dependiendo de cómo hayan sido nuestras experiencias, aprendizajes, creencias, los apegos seguros o inseguros de la primera infancia, hará que nuestra mirada ante la vida sea más confiada o más temerosa, nos hará fluir con el devenir de los acontecimientos o colocarnos a la defensiva, nos permitirá aceptar mejor los reveses de la vida o nos colocará en la lucha constante y la rebeldía...

Desde el entrenamiento de la atención, desplegando el darnos cuenta, integrando esa mirada observadora que no enjuicia, que permite la experiencia, podemos ir descubriendo si vivimos desde la confianza o el temor, a la defensiva.

Un espejo que nos puede mostrar esa actitud de seguridad o desconfianza de nuestro *Avatar* es la comunicación con los demás.

Desde la experiencia Mindfulness se propone una escucha activa, con atención plena. Las bases de la escucha activa son:

- Escucha interna de lo que ocurre al interior, qué se mueve en el propio cuerpo, mientras alguien nos habla.

- No juzgar. Mantener una postura neutra.

- No interrumpir. Facilitar el discurso completo.

- Realizar pausas de silencio al final de cada intervención, que permiten la escucha interna.

- No aconsejar. Dejar que cada cual encuentre sus propias respuestas, promoviendo la autoindagación en lugar de la solución.

- Limitar el lenguaje no verbal. Gesticular condiciona a quien se expresa, tanto en una dirección considerada motivadora como en la castrante.

Es importante recordar que esa escucha normalmente está filtrada por las *gafas* que llevamos, y lo escuchado siempre tendrá un matiz según se mueva el *Avatar* en la vida: confiado, y escuchará mensajes amables; temeroso, y percibirá palabras amenazantes; en lucha, y sentirá una carga ofensiva...

El primer paso sería tomar conciencia de cómo escuchamos, con honestidad y humildad, en cuanto a estas bases. Desde ahí, amablemente, podremos ir eligiendo otra manera de ser receptores.

Se hace necesario conocer que las respuestas que da el *Avatar* en la comunicación son la pista sobre la que fijarnos para saber cómo se percibe internamente. Para ello, hay tres estilos de comunicación a resaltar, que están detalladas más ampliamente al final del capítulo*:

- Comunicación y respuesta inhibida (a).

- Comunicación y respuesta agresiva (b).

- Comunicación y respuesta asertiva (c).

Cabe destacar que es en entornos de confianza, ya sea con la familia o con la pareja, donde más fácilmente se activan inconscientemente estos pilotos automáticos, tanto en la escucha como en la contestación.

Sería interesante revisar aquí de qué manera nos movemos en la vida, con respuestas inhibidas y defensivas, agresivas y ofensivas, o asertiva y confiadamente... pero, sobre todo, darnos cuenta de si esa reacción es acorde a la situación "objetiva" que está sucediendo o es nuestra forma reiterada de vivirnos con intimidación o total exposición ante situaciones que, en realidad, no representan tal ataque.

A veces, cuando tenemos la vivencia de haber sufrido "muchos palos" en la vida, se instala una actitud de indiferencia, a lo que el Dr. Hamer llamó "muro de goma", donde todo nos rebota, y que tiene el propósito biológico de hacernos más llevadero el "calvario". Es una respuesta de protección, a modo de armadura, que nos anestesia. El dolor es tan insoportable que necesitamos no sentirlo porque nos sobrepasa, no lo sabemos manejar. Recordemos que estas expresiones comportamentales adaptativas fueron descritas por el Dr. Hamer y las llamó Constelaciones Cerebrales, y en ellas podemos encontrar la explicación de la mayoría de las manifestaciones conductuales.

Volvemos a incidir en la utilidad de ir integrando las herramientas que Mindfulness aporta para, poco a poco, a través del desarrollo del testigo del *Avatar*, darnos cuenta de cómo son las inercias del mismo, sus interpretaciones y sus automáticos, para poder revisar la concordancia o no con lo que "objetivamente" se vive, y poder desarrollar actuaciones conscientes, más coherentes y armoniosas, en sintonía con nuestra biología.

*ESTILOS DE COMUNICACIÓN Y RESPUESTA:

Recuerda al leer los recuadros que es el *Avatar* quien, dependiendo de cómo son sus *gafas*, a veces se muestra inhibido, otras puede que incluso agresivo y también en algunos momentos con asertividad. Sea como sea, se trata de observarlo para seguir descubriendo su mundo interior a través de sus reacciones y, acogerlo con amabilidad. Es interesante probar a realizar la escucha interna, lo que se mueve al interior, también mientras hablamos, esto es, escuchar el eco de nuestra propia voz...

a) Comunicación y respuesta inhibida: el **miedo** predomina como emoción interna, activando el mecanismo de la evitación.

Comportamiento verbal:	Su efecto en los demás:
- Estilo vacilante: "quizás... supongo... bueno, tal vez... no te molestes..." - Se excusa con frecuencia y evita expresar sus sentimientos, menospreciándose...	- Se sienten culpables, superiores o frustrados, incluso enojados. - Su irritación puede convertirse en desprecio. - Le pierden respeto al ver que es un *Avatar* "veleta" que no sabe lo que quiere. - Puede estimular la agresividad del interlocutor...

b) Comunicación y respuesta agresiva: es la **rabia** la emoción que predomina.

Comportamiento verbal:	Su efecto en los demás:
- Se siente atraído por la confrontación.	- Suele estimular el miedo o la ira...
- Dice lo que quiere y siente, pero a costa de los demás.	- Generan humillación , desprecio, malestar...
- Es impositivo y usa "tienes que", "no te lo tolero", "no te consiento"...	- Provocan resentimiento, desconfianza, temor, incluso quieren vengarse...
- Etiqueta y culpabiliza.	
- Tendencia a sobresalir.	
- Interrumpe continuamente.	
- Elige por otras personas, da órdenes...	

a) **Comunicación y respuesta asertiva:** es el modelo con capacidad para afirmarse a sí mismo como ser humano sin imponerse a los demás. Ser quien se es en las relaciones, dejando que los demás también sean quienes son. Trabaja la conciencia y regulación emocional, trascendiendo el miedo y la rabia. Protege sus derechos y respeta los de los demás, teniendo claro sus objetivos. Escucha y toma sus propias decisiones.

Comportamiento verbal:	Resultado y ganancias:
- Se expresa con claridad y precisión, usando la primera persona del singular "yo". - Estilo firme y directo: "deseo..., opino..., siento que..., ¿qué piensas?". - Hace saber que comprende a los demás. - Expresión facial franca y abierta, postura relajada y sin tensión muscular. - Movimientos pausados y orientados hacia el interlocutor, cabeza alta y contacto visual, con interés y sin altivez ni desafío. - Voz firme, cálida y expresiva.	- Logra comunicar y ser respetado. - Siente seguridad en quien es, a la vez que se siente bien durante y después de la comunicación. - Posee sensación de control sobre la situación, respeto y orientación a la tarea o al objetivo. - Respeta y es respetado, sus relaciones son buenas y no sufre tensiones emocionales posteriores.

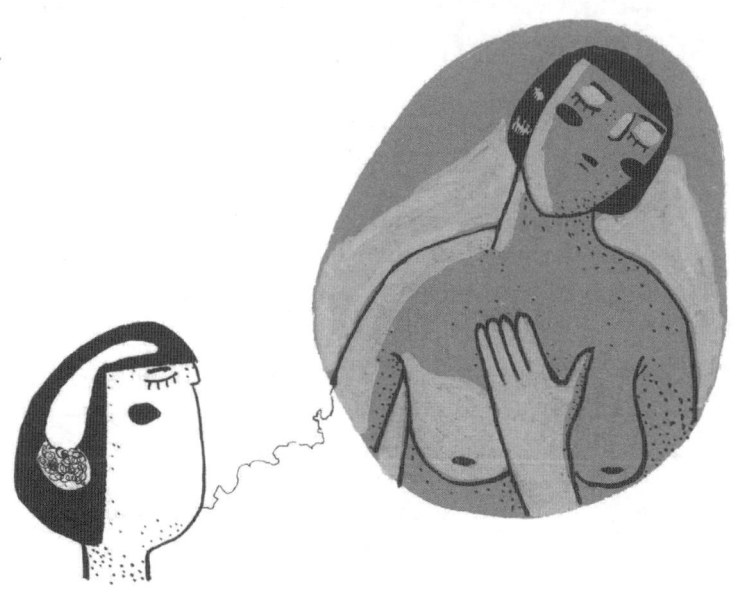

ENFÓCATE 8

TAREAS SEMANA 5

El verdadero discernimiento solo llega cuando uno puede estar realmente en silencio consigo mismo.

GURURAJ ANANDAYOGI

Antes de comenzar la lectura y puesta en práctica de las tareas, observa cómo respira tu *Avatar* durante 5 minutos.

PRACTICA LA ATENCIÓN PLENA

a) Práctica formal - Exploración Corporal

- Meditación en la Respiración

Tómate el tiempo para apartar a tu *Avatar* a un lugar tranquilo, lo sientas de forma cómoda con las piernas cruzadas o en una silla, la espalda erguida, sin tensión. Simplemente observa el fluir de la respiración del cuerpo que habitas y, cada vez que te des cuenta de que tu atención se dispersa y es atrapada por un estímulo, agradece ese darte cuenta y vuelve amablemente a la observación de la respiración. Buen momento para observar el triángulo Mindfulness de tu *Avatar*. Recuerda que la vida se vive con los ojos abiertos. Observa la experiencia de ambas maneras, ojos cerrados y abiertos.

Alterna cada día una de estas dos prácticas.

b) Continúa integrando prácticas en tu vida cotidiana

- Elige una actividad rutinaria de la vida cotidiana de tu *Avatar* y realízala con atención plena cada vez que la hagas (cepillarse los dientes, peinarse, tomar un café, beber un vaso de agua, lavarse las manos, cocinar...). Intenta usar los sentidos del cuerpo que habitas y date cuenta de lo que hace tu *Avatar* mientras lo está haciendo, como si fuera algo muy especial.

- Utiliza los encuentros a dos, reuniones de tres o más personas para poner en práctica la escucha activa. Sé consciente de si tu *Avatar*:

  · ¿Enjuicia?

  · ¿Interrumpe?

  · ¿Está en contacto con las sensaciones de su cuerpo físico?

  · ¿Hace pausas antes de responder o intervenir?

  · ¿Aconseja, da recetas?

  · ¿Gesticula?

- A través de la escucha consciente de la práctica anterior, así como recordando el STOP del triángulo Mindfulness en el vértice de la interpretación, vas integrando en ti una "escucha más profunda, la escucha interior". El cuerpo y las sensaciones que se despiertan te dan pistas para ello.

Identifica encuentros personales, lugares, visitas, actividades... donde puedes desplegar tu escucha interior, apoyándote en la información que el cuerpo físico de tu *Avatar* te envía y, desde ese sentir, decide dar el siguiente paso: silencios, acciones, palabras, gestos... conscientes.

Registra las experiencias y date cuenta si hay cambios en tu vida.

- Sé consciente de cómo tu *Avatar* se comunica. Dirige, con honestidad y humildad, sin juicio, tu atención al sentido de la escucha y diferencia cómo es su tono y volumen al expresarse:

  · **Inhibido**: Se expresa con temor, sumisión, con un sentimiento de inferioridad, utiliza justificaciones, permite un tono agresivo, corporalmente se siente encogido...

  ¿En qué entorno se comporta así tu *Avatar*? ¿Familiar, laboral, con amigos, como cliente en ocio, con vecinos, social, en general?

  · **Agresivo**: Se expresa con contundencia, con superioridad, aconsejando, ordenando, con cierta agresividad física y verbal...

  ¿En qué entorno se comporta así tu *Avatar*? ¿Familiar, laboral, con amigos, como cliente en ocio, con vecinos, social, en general?

  · **Asertivo**: Se expresa con tono conciliador, respeta la opinión de los demás, tiene un tono de voz lineal, seguro de su opinión, dispuesto a reflexionar, con apertura...

¿En qué entorno se comporta así tu *Avatar*? ¿Familiar, laboral, con amigos, como cliente en ocio, con vecinos, social, en general?

Anota distintas situaciones y de qué te has dado cuenta.

c) Prácticas y juegos con el triángulo de tu *Avatar*

- Registra por escrito, desde el observador, diferentes situaciones cotidianas en las que tu *Avatar* siente que hay "peligro de ataque", teme por su integridad, por su seguridad y qué comportamiento utiliza:

  a) Describe brevemente la situación que provoca ese temor o peligro.

  f) ¿Qué discurso interpretativo hace de esa situación?

  g) ¿Qué siente emocionalmente? ¿Miedo, ira, otra emoción difícil de interpretar...?

  h) ¿En qué parte del cuerpo la siente el *Avatar*? Permítela y siéntela.

  i) ¿Has podido ser consciente del impulso? ¿Antes, durante, después? ¿Has podido elegir otra respuesta?

Recuerda: Es importante realizar la práctica formal cada día para poder integrarla y beneficiarse de ella. Por ello, revisa a diario tu compromiso, especialmente, en estas semanas de curso.

ENFÓCATE 8

SEMANA 6

EL LENGUAJE DEL MESODERMO NUEVO

Recordemos una vez más que, según el origen embrionario de los tejidos, estos presentan un comportamiento en FA (fase activa) y el contrario en FR (fase de reparación) como fruto del desafío que enfrentan, ya sea de supervivencia, protección, rendimiento o de territorio.

Como ya vimos en temas anteriores, la mayoría de los órganos tienen tejidos de diferentes hojas germinativas. Por ejemplo, la glándula suprarrenal tiene dos partes: una capa externa, la corteza, con origen en Mesodermo Nuevo y otra central, la médula, de procedencia ectodérmica.

Ya sabemos que siempre hay que considerar que lo habitual es que haya varios programas en curso, pudiendo estos coincidir en FA, unos en FA y otros en FR, varios en FR... además de tener en cuenta los *raíles* que, como ya sabemos, son disparadores automáticos de respuestas biológicas sin haber vivido conscientemente ningún estrés súbito.

Los tejidos provenientes de Mesodermo Nuevo son los responsables del **rendimiento** de nuestro *Avatar*, y en FA reducen su tamaño y función y en FR lo aumentan para reforzar el resultado.

Su centro de control cerebral es la **Sustancia Blanca**.

En la siguiente imagen tenemos, en un corte craneal transversal, los distintos tejidos que se controlan desde esta área cerebral:

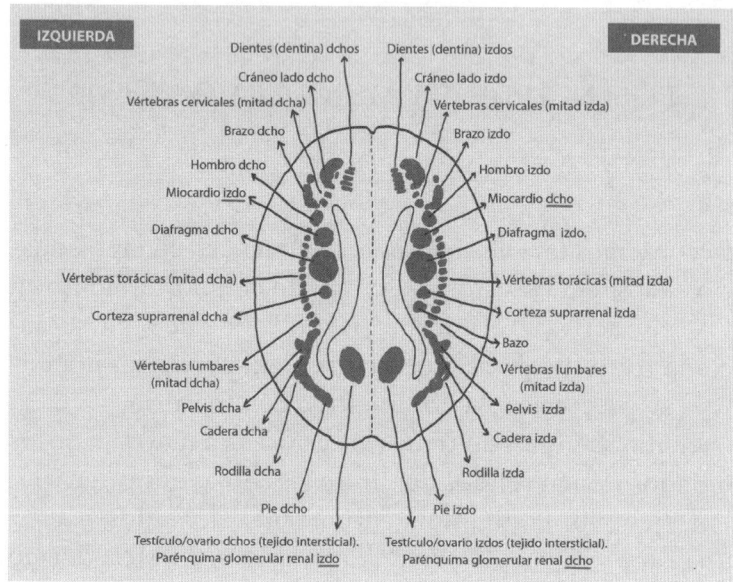

Adaptación de Cristina Pardo. Basada en gráficos del Dr. R.G. Hamer y del Dr. L.F. Espinosa.

REGLA DE LA LATERALIDAD BIOLÓGICA

Recordemos que en Mesodermo Nuevo así como en Mesodermo Antiguo y Ectodermo se aplica la regla de la lateralidad, lo que nos puede facilitar de cara a saber con quién estaría relacionado un determinado programa biológico.

Veamos algunos ejemplos de SBS de Mesodermo Nuevo:

- Ante un requerimiento intelectual extra puedo percibirme con la duda de si cumpliré las expectativas, propias y ajenas, para lo que en FA hay una pérdida de tejido osteomuscular en cabeza buscando maleabilidad para una mayor expansión de las capacidades intelectuales, con la posterior inflamación y crecimiento de los tejidos en FR que pretende reforzar la función, apareciendo calor, congestión, cefaleas, migrañas, quistes... como hemos comentado con anterioridad.

- Si siento la necesidad biológica de atraer hacia mí a alguien y no lo consigo, los tejidos de mi hombro en su cara anterior se adelgazarán en FA para hacerse más laxos y flexibles y alcanzar mi objetivo, con calor, edema, inflamación, dolor, aumento del volumen tisular en FR. Si la necesidad fuese de apartar a ese alguien ocurría lo mismo, pero por la parte posterior del hombro, porque lo que persigo es librarme de esa persona, quitármela de encima. Al igual que en el caso anterior, se produce un fortalecimiento osteomuscular al final de la FR del programa biológico.

- Por regla general, los tejidos que están por la parte anterior del cuerpo y las caras internas hablan de querer/poder/deber atraer y acercarme a alguien, y por la parte posterior y las caras externas se relacionan con la vivencia de querer/poder/deber apartarme de alguien.

- Ante la pérdida de un miembro de la manada con la percepción de no haber sido capaz de evitarlo (lo que le ocurrió al Dr. Hamer con su hijo Dirk), el tejido intersticial del testículo se atrofia y hay reducción de testosterona en FA, con hinchazón, proliferación celular, aumento de testosterona en FR, con posible aparición de orquitis, quistes, tumoraciones...

- El tejido intersticial del ovario se comporta de igual manera (atrofia y reducción de estrógenos en FA, compensación en FR) en una mujer con la misma vivencia de no haber podido evitar una pérdida, por ejemplo, de un hijo en una multitud, como puede ser una feria, un centro comercial... La vivencia en ambos supuestos es la de no haber sido lo suficientemente habil en mi función masculina/femenina de asegurar y proteger la descendencia.

- Cuando siento la necesidad biológica de "mostrar los dientes" y no puedo, por ejemplo, un niño que es castigados y que no se le deja protestar, "defenderse", la dentina de los dientes se adelgaza en FA con posterior edema y reparación de caries con microbios en FR, iniciando remineralización y formación de placa dental. Lo mismo ocurriría en la situación de no "poder morder" si la estructura de la arcada no coincide, no está "bien", o sentir que no se tiene una "buena" dentadura, funcional o estéticamente.

- Cuando tenemos la percepción de no poder hacer lo que queremos porque si lo hacemos generamos daño a un ser querido, por ejemplo, no me separo de mi pareja por mi hijo, no estudio la carrera que quiero por no defraudar a mis padres... En FA hay pérdida de glóbulos rojos (anemia) con cansancio, palidez, debilidad... es decir, pierdo fuerza para no hacer algo que quiero pero no debo, y en FR se recupera esa reducción celular poco a poco.

- En las leucemias —aumento de glóbulos blancos—, que tienen lugar en FR tras una disminución de estos en FA por pérdida generalizada de médula ósea, la lectura biológica es de no sentirme lo suficientemente bueno para que me valoren mis padres como necesito, sentir que me dejan de lado... Es una desvalorización muy profunda la que se experimenta en estos casos.

- El tejido linfático de las amígdalas faríngeas se reduce en FA ante la vivencia biológica de no ser apto para expulsar un bocado (lado izquierdo), por ejemplo, el niño al que le obligan a comer lo que no le gusta, o de no poder atrapar un bocado (lado derecho), por ejemplo, un juguete que le quitan al hermano mayor para que el pequeño no llore, con la posterior inflamación y crecimiento celular, dolor, fiebre... en FR. Normalmente acompaña al SBS del tejido endodérmico glandular de las amígdalas, de necesidad de atrapar o expulsar un bocado, real o simbólico, como hemos visto en la semana 4.

Podemos observar que los programas de Mesodermo Nuevo cumplen su propósito al final de la FR, imprimiendo una mejora en la función de los tejidos reforzándolos, lo que viene a intentar compensar la desvalorización inicial que puso en marcha el SBS. Por esto, el Dr. Hamer los llamó *grupo de lujo*.

¿QUÉ ME ESTÁN TRADUCIENDO ESTOS ÓRGANOS Y TEJIDOS?

Estos tejidos expresan el sentir de mi propia valía personal en el terreno del HACER. Podríamos decir que son los que representan nuestra autoestima. Si me siento capaz para el trabajo que desempeño, para los cuidados

CRISTINA PARDO · MANUEL PEREA

que prodigo, si soy competente para una buena relación de pareja, si soy lo suficientemente bueno como padre o como hijo...

Hablan del soporte que somos capaces de ofrecer, o del merecimiento de ese soporte. Si mi estructura física es capaz de sostenerme a mí y a mis familiares o amistades como debiera, o si merezco recibir una estructura de sostén como necesito.

Ponen de manifiesto todas las combinaciones posibles entre QUERER, PODER Y DEBER:

- Quiero ir al cine pero no puedo porque tengo que trabajar...

- Debo cuidar a mis padres pero no quiero porque me gustaría sacar tiempo para mí...

- Quiero comerme un dulce (o morder a alguien) y no debo comerlo porque no es sano (no está permitido morder a nadie)...

- También están los "quiero y no quiero" (quiero salir a cenar y no quiero porque también quiero quedarme en casa), los "debo y no debo" (debo sacar al perro a que corra y no debo soltarlo en la ciudad), los "puedo y no puedo" (puedo salir con un amigo y no puedo porque no me lo permito porque mi pareja puede molestarse)...

Como siempre, muestran nuestra percepción sobre cómo hacemos aquello que tenemos que hacer, sobre nuestra propia valoración acerca del rendimiento en nuestras tareas, sobre el propio reconocimiento de nuestras capacidades para desarrollar satisfactoriamente aquello que nos proponemos o que debemos hacer, si sentimos que "damos la talla".

Sería interesante revisar aquí también el movimiento mental, en ocasiones imperceptible, de comparación y/o competición que se despliega casi continuamente, con uno/a mismo/a y con los demás, porque esto evidencia precisamente que me estoy reconociendo únicamente en función de una realidad que interpreto sutilmente como mejor o peor, ya sea una realidad externa (los demás) o interna (una imagen preconcebida de cómo debería ser yo).

Otro aspecto para considerar serían las expectativas propias que nos imponemos, bien por una autoexigencia, o por una petición externa, o por lo que suponemos, en nuestro diálogo interno, que los demás esperan que hagamos.

Cuando experimentamos varias situaciones con este prisma, también se ponen en marcha respuestas comportamentales, las Constelaciones Cerebrales como las llamó el Dr. Hamer, como ya vimos en el caso del "muro de goma" o de la consternación. En el supuesto que nos ocupa, aquellos momentos en los que nos vivimos con "victimismo" (*pobre de mí, siempre lo hago mal, nunca llego, nunca es suficiente...*) y su contrario, como "megalómano" (*soy la caña, puedo con todo, no necesito decir que no a nada...*), son la pista sobre la que poner el foco de atención para revisar en qué mi *Avatar* no se está sintiendo lo suficientemente bueno, reconocido, válido... para, una vez más, darme cuenta de si eso se ajusta a la realidad objetiva o son mis filtros, consecuencia de nuestros aprendizajes, creencias, valores... y que, quizás, precisen ser puestos en cuestión.

Y, como ya hemos visto, la mayoría de las veces esto pasa desapercibido para nuestra conciencia. Si no prestamos atención, por ejemplo, a través del triángulo Mindfulness, a los pensamientos que van y vienen sin cesar

—vamos a referirnos a esto en esta ocasión como los **yoes interpretativos**—, no seremos conscientes de los mensajes de valorización o desvalorización que continuamente estamos enviando a nuestra biología y que, consecuentemente, pondrán en marcha programas biológicos de supervivencia con el propósito de fortalecer esa estructura encargada de realizar todas nuestras labores.

Para acercarnos desde el observador al infinito mundo de los yoes interpretativos, especialmente a ese gran desvalorizador interno, partiremos de que nuestra valía personal por el rendimiento en el HACER está muy apoyada, no sólo en la consideración que nos tenemos, sino también en cómo proyectamos nuestra imagen, buscando un reconocimiento externo de los demás, en la familia, en el trabajo, en el barrio, con las amistades... en mil y un entornos diferentes.

El ser humano se percibe como un yo o ego único, pero en realidad es una multiplicidad de yoes eminentemente sutiles que pasan inadvertidos a nuestra conciencia. Cada uno de estos yoes, trajes, personajes o subpersonalidades, cree ser el único *yo* que tiene potestad para gestionar a la mente.

De esa multiplicidad de yoes queremos resaltar tres por su gran relevancia:

- El **yo exigente, perfeccionista:** es el personaje que te persigue como un perro insidioso recordándote que siempre puedes hacerlo mejor y que, por tanto, no te puedes permitir el lujo de parar y conformarte. Es agotador. *"Mañana, aunque sea domingo, hay que venir para dejar terminado el trabajo del mes que viene".*

- El **yo víctima, desvalorizador:** como hemos visto, siente que no sirve para nada, todo lo que vive está en su contra. Es una víctima de la vida, no asumiendo responsabilidades y, por supuesto, no eligiendo. *"No hay forma de que algo me salga bien", "todo el mundo está en mi contra porque no hago nada bien".*

- El **yo juez:** dicta sentencia e imparte la ley. Con un rigor serio, suele premiar lo que considera según su criterio positivo o castigar sin piedad lo que evalúa como negativo. *"No lo consigues, así que no debes divertirte, solo trabajar y demostrar: Castigado".*

Y en dicha triada, la representación teatral se despliega: el exigente, perfeccionista, que nunca llega, hace aparecer al gran desvalorizador, a la víctima, que ante su "incompetencia" merece que alguien le aplique justicia, saltando a la palestra su propio juez, aplicando sentencia. Y, mientras tanto, nuestra biología respondiendo fielmente en un intento de equilibrar este caos reactivo de permanente insatisfacción personal.

Realmente son muchos más: el yo iracundo, el crítico, el complaciente... quizás nos suenen de algo... Recordemos una vez más la utilidad del desarrollo del testigo de mi *Avatar* para darme cuenta de qué *yo* se está desplegando en cada instante, de cómo son las inercias del mismo, sus interpretaciones y sus automáticos, para poder revisar la concordancia o no con lo que "objetivamente" se vive, desbaratar el teatro y poder desarrollar respuestas conscientes, más amables y generosas con mi biología.

ENFÓCATE 8

TAREAS SEMANA 6

La identificación es un estado de inconsciencia que surge cuando no hay distancia entre lo observado y quién observa. En realidad, fácilmente podemos comprender que si podemos observar algo, es que nosotros no somos "eso": el ojo no puede verse a sí mismo. La identificación más usual es la identificación con el propio ego; es decir, creerme que soy el personaje que a lo largo de mi vida, de forma funcional y circunstancial, he ido desarrollando, la imagen que me he formado de mí mismo y la que quiero que los demás tengan. Esta imagen o personaje es uno de los grandes objetos de apego, ya que, durante mucho tiempo, hemos asentado sobre ella nuestra seguridad. Soltar esta identificación, admitir que tan solo es mi personaje, que yo esencialmente "no soy él", es un reto y a la vez la fuente de nuestra mayor liberación. El punto de partida es hacernos la que quizás es la gran pregunta de nuestra existencia: ¿Quién soy?

Antes de comenzar la lectura y puesta en práctica de las tareas, observa cómo respira tu *Avatar* durante 6 minutos.

PRACTICA LA ATENCIÓN PLENA

a) Práctica formal

- Yoga
Practica Yoga cada día. Utiliza la grabación y realiza las posturas o asanas siendo muy consciente de lo que tu *Avatar* experimenta físicamente, así como las interpretaciones que hace de valorización o desvalorización.
Por ejemplo, en una asana sientes en el cuerpo rigidez, poca flexibilidad y te das cuenta de que tu *Avatar* piensa que su cuerpo no sirve para estirarse. Si el cuerpo se estira con flexibilidad, date cuenta de si tu *Avatar* se regocija en ello, piropeándose por lo flexible que es...
Observa el juego mental y de este, los mensajes que la mente envía al cuerpo...

- Meditación en la Respiración
Tómate el tiempo para apartar a tu *Avatar* a un lugar tranquilo, lo sientas de forma cómoda con las piernas cruzadas o en una silla, la espalda erguida, sin tensión. Simplemente observa el fluir de la respiración del cuerpo que habitas y, cada vez que te des cuenta de que tu atención se dispersa y es atrapada por un estímulo, agradece ese darte cuenta y vuelve amablemente a la observación de la respiración. Buen momento para observar el triángulo Mindfulness de tu *Avatar*. Recuerda que la vida se vive con los ojos abiertos. Observa la experiencia de ambas maneras, ojos cerrados y abiertos.

Incorpora la Meditación en la Respiración al finalizar la sesión de Yoga.

b) Continúa integrando prácticas en tu vida cotidiana

- Elige una actividad rutinaria de la vida cotidiana de tu *Avatar* y realízala con atención plena cada vez que la hagas (cepillarse los dientes, peinarse, tomar un café, beber un vaso de agua, lavarse las manos, cocinar...). Intenta usar los sentidos del cuerpo que habitas y date cuenta de lo que hace tu *Avatar* mientras lo está haciendo, como si fuera algo muy especial.

c) Prácticas y juegos con el triángulo de tu *Avatar*

- Detecta y registra por escrito alguna circunstancia en que tu *Avatar* se exige, se desvaloriza, se sentencia, incluso hace todo. Pregúntate:
  ¿Qué yoes aparecen en esas situaciones de tensión?
  Define la situación y señala qué yo toma poder (apóyate en los ejemplos, si lo necesitas):

  · Yo PERFECCIONISTA, se exige al extremo.

    Ejemplo 1: "Mañana, aunque sea domingo, vendré para dejar terminado el trabajo del mes que viene".

    Ejemplo 2: "Tengo una entrevista de trabajo para dos puestos de responsabilidad. Tengo que sacar la mejor puntuación en los dos y así elegir en cuál quiero trabajar".

· Yo DESVALORIZADOR, VÍCTIMA, siente que todo está en su contra.

Ejemplo 1: "Por mucho que quiera adelantar, no me cunde. Cualquiera lo haría, yo soy un desastre".

Ejemplo 2: "No me llaman para decirme si lo he conseguido... Tengo mala suerte, pues quien me entrevistó no era la persona adecuada. Siempre, siempre la suerte para otra persona".

· Yo JUEZ, que impone con rotundidad el castigo.

Ejemplo 1: "Llegan las vacaciones y las utilizaré para hacer todo el trabajo pendiente. No me puedo permitir descansar".

Ejemplo 2: "Debo hacer otro máster, aunque no me apetece nada y económicamente no puedo hacer la inversión".

- ¿Cuál es la interpretación del hecho que está haciendo mi *Avatar*?

- ¿Qué pensamientos aparecen? ¿Qué emoción se despliega y en qué parte del cuerpo la siente mi *Avatar*?

- ¿Sientes o percibes que aparecen los tres personajes o yoes?

- Prueba a hacer el STOP volviendo al cuerpo. ¿Qué ocurre?

Recuerda: Es importante realizar la práctica formal cada día para poder integrarla y beneficiarse de ella. Por ello, revisa a diario tu compromiso, especialmente, en estas semanas de curso.

ENFÓCATE 8

SEMANA 7

EL LENGUAJE DEL ECTODERMO

Comencemos de nuevo recordando que, según la capa germinal, los tejidos presentan un comportamiento en FA (fase activa) y el contrario en FR (fase de reparación) como consecuencia del reto que afrontan, ya sea de supervivencia, protección, rendimiento o en el territorio.

Como ya hemos comentado, la mayoría de los órganos tienen tejidos de diferentes hojas embrionarias. Por ejemplo, la dentina de los dientes tiene origen en Mesodermo Nuevo y el esmalte dental en Ectodermo.

No olvidemos lo habitual de tener varios programas en curso en distintas fases del proceso, aunque de baja intensidad, así como la existencia de raíles o cronicidades.

Los tejidos procedentes de Ectodermo son los responsables de cómo nos movemos en el **territorio**, y en FA reducen su tamaño y función y en FR lo aumentan, al igual que el Mesodermo Nuevo.

Su centro de control cerebral es la **Corteza**. Su organización es mucho más compleja. Ya hemos visto que es el cerebro más moderno y controla funciones más especializadas.

Muchos son los tejidos que se controlan desde esta área cerebral, siendo su máximo exponente la epidermis, tejido madre del que derivan la parte más fina de los órganos de los sentidos y todos los recubrimientos internos

(periostio, vasos coronarios, conductos galactóforos, vías biliares, pancreáticas, urinarias...)

A continuación, vemos en un corte cerebral transversal, los centros de control territorial que, en un nivel más complejo, definen la regulación de la conducta hacia la reproducción y el mantenimiento de la manada:

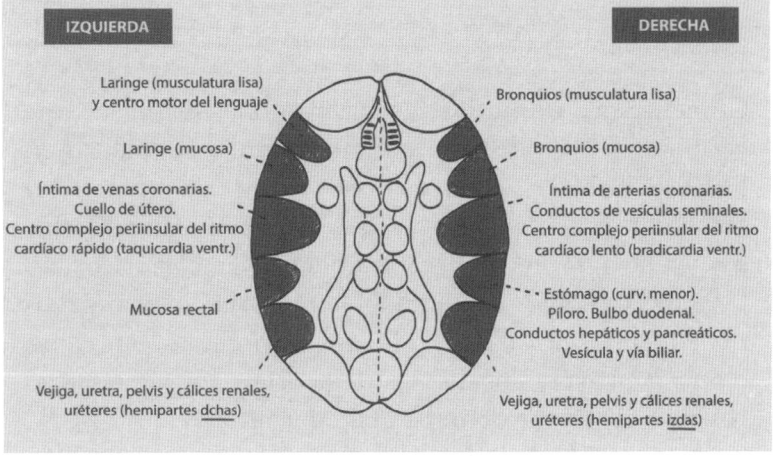

Adaptación de Cristina Pardo. Basada en gráficos del Dr. R.G. Hamer y del Dr. L.F. Espinosa.

Y los centros de control NO territorial, que regulan de manera más general nuestras relaciones a través de los órganos de los sentidos, y la función motora de la musculatura estriada, entre otros:

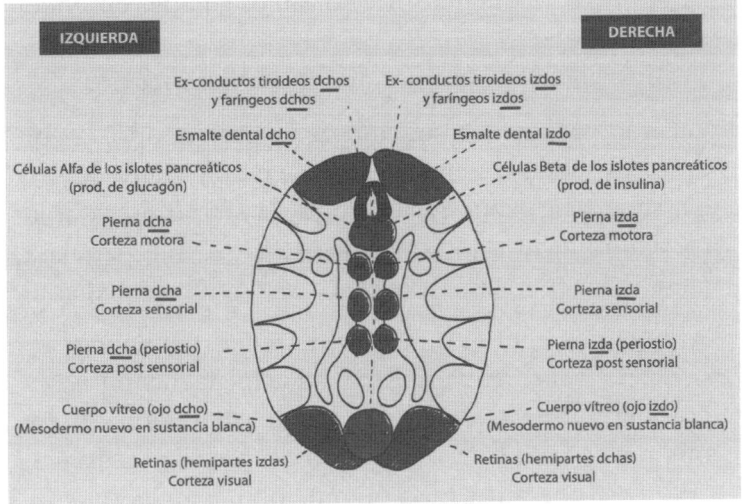

IZQUIERDA   DERECHA

Ex-conductos tiroideos dchos   Ex- conductos tiroideos izdos
y faríngeos dchos   y faríngeos izdos

Esmalte dental dcho   Esmalte dental izdo

Células Alfa de los islotes pancreáticos   Células Beta de los islotes pancreáticos
(prod. de glucagón)   (prod. de insulina)

Pierna dcha   Pierna izda
Corteza motora   Corteza motora

Pierna dcha   Pierna izda
Corteza sensorial   Corteza sensorial

Pierna dcha (periostio)   Pierna izda (periostio)
Corteza post sensorial   Corteza post sensorial

Cuerpo vítreo (ojo dcho)   Cuerpo vítreo (ojo izdo)
(Mesodermo nuevo en sustancia blanca)   (Mesodermo nuevo en sustancia blanca)

Retinas (hemipartes izdas)   Retinas (hemipartes dchas)
Corteza visual   Corteza visual

Adaptación de Cristina Pardo. Basada en gráficos del Dr. R.G. Hamer y del Dr. L.F. Espinosa.

REGLA DE LA LATERALIDAD BIOLÓGICA

Recordemos que en Ectodermo así como en Mesodermo Antiguo y Nuevo se aplica la regla de la lateralidad, lo que nos puede ayudar a encaminar la búsqueda de con quién estaría relacionado un determinado síntoma.

Aquí hay que hacer una consideración más: existe una diferencia biológica entre la vivencia masculina y la femenina, en relación con nuestro estado hormonal cambiante, teniendo como referencia el comportamiento mamífero en la naturaleza. Teniendo esto como premisa, cada ser humano tiene comportamientos "masculinos" y "femeninos" que, vistos con una mirada neutra, desde el único propósito de la naturaleza que es perpetuar la vida, pueden ser entendidos sin juicios de valor. Así, el hemisferio derecho regula el comportamiento más masculino y el izquierdo el más femenino. Lo vamos a poder entender a continuación.

Veamos algunos ejemplos de SBS de Ectodermo:

- Cuando vivo una separación de un ser querido, la epidermis se adelgaza en fase activa, en un intento de perder superficie expuesta al dolor de la pérdida de contacto, dando lugar a inflamación, descamación, pápulas... en fase de reparación (pieles secas, atópicas, eccemas...)

- Ante la percepción biológica de tener que oponer resistencia frente a una situación que me viene impuesta, por ejemplo, no quiero estudiar la carrera que eligen mis padres para mí, no quiero aceptar una ausencia dolorosa, una autoridad que me obliga a algo que rechazo... necesitaré más glucosa para tener más energía disponible para que mis músculos trabajen mejor en FA, consecuencia de una reducción en la secreción de insulina. La vivencia es "tengo que resistir como sea". Al solucionar el conflicto, habrá una bajada de glucosa —por un aumento de insulina— con pico posterior de hiperglucemia en la epicrisis, hasta la renormalizacion progresiva de los valores de azúcar en sangre al final del SBS. En continuas reactivaciones es probable que termine en lo que conocemos como diabetes. Es la manera de vivir "resistiendo" la que acaba instaurando la condición de diabetes.

- Ante una situación percibida biológicamente como de peligro (algo huele mal en el ambiente, real o figurado, o ansiedad por lo que se viene de frente, el futuro se presenta demasiado incierto...), en FA se ulcera la mucosa nasal y en FR aparece inflamación, moqueo, congestión, cefalea...

- Una circunstancia filtrada como amenaza en mi territorio (mis padres se pelean, el clima que se respira en mi trabajo es hostil...), da lugar en FA a ulceración de la capa interna de la pared de los bronquios, con posterior inflamación, mucosidad, obstrucción de la luz bronquial en FR. Esta sería la vivencia masculina biológica. La femenina sería miedo o susto en el territorio, resultando afectada la mucosa laríngea, con igual respuesta.

- Si experimento una pérdida en mi manada (pareja, el trabajo, lo que considero que me pertenece en el territorio...), se produce ulceración del revestimiento interno de arterias coronarias en FA, con reparación del tejido al solucionarse la vivencia, pudiendo dar lugar a infarto de arterias coronarias con bradicardia, si la FA fue muy intensa y duradera. La vivencia/necesidad masculina desde la biología es "contener y cubrir" y la femenina "ser contenida y cubierta", así que cuando mi sentir es que no hay nadie que me "cuide", que he perdido a mi "protector/a", ocurre lo mismo pero en venas coronarias, con aparición de taquicardias en FR.

- Ante una contrariedad en el territorio, algo que sentimos que no es justo, que nos someten, algo que me obligan a hacer... en FA tiene lugar ulceración de la capa que recubre internamente la curvatura menor de estómago, de duodeno, de vías biliares y pancreáticas, con posterior inflamación y crecimiento tisular en FR, dando lugar a gastritis, cólicos biliares, pancreáticos...

- Cuando no sentimos con claridad cuál es nuestro lugar con nuestra pareja, en nuestra familia, dentro de la tribu, no nos dan o no nos damos nuestro espacio, no sabemos bien quiénes somos en relación a los seres queridos, nos quitan nuestro lugar de identidad, no somos tenidos en cuenta... la mucosa rectal se úlcera en FA con posterior inflamación, edema, congestión, dolor, sangrado en FR (hemorroides, fisuras anales...). Hace referencia a "no sé dónde poner el culo". Esta sería la vivencia femenina del anterior ejemplo, de contrariedad en el territorio, que sería la masculina.

- Cuando percibimos una invasión en nuestro territorio (viene la suegra a casa y organiza la despensa, nos dicen cómo colocar nuestros papeles, cómo gestionar la casa, le decimos al adolescente cómo ordenar su cuarto, su armario...), el recubrimiento interno de las vías urinarias se adelgazará en FA, con la consecuente obstrucción de la luz si la FR es muy intensa al crecer el tejido para restaurar la pérdida, pudiendo dar lugar a cistitis, cólicos nefríticos, pielonefritis... La vivencia masculina hace referencia al territorio más amplio y la femenina al interno, al hogar.

Podemos constatar el propósito biológico del comportamiento de estos tejidos, que se ulceran en fase activa aumentando el calibre:

- para dejar pasar más aire a bronquios y tener más oxígeno para defenderme de la "amenaza",

- en las arterias coronarias para nutrir mejor al músculo cardíaco y bombear más sangre para recuperar una "pérdida",

- en conductos biliares y pancreáticos para excretar más bilis y jugos pancreáticos para facilitar la digestión de una percepción de "contrariedad",

- y tener un mayor caño de orina y poder realizar mejor el "marcaje" del territorio...

Al reparar esa pérdida de tejido con crecimiento celular se provocan obstrucciones, que serán las que den la sintomatología en la mayoría de las ocasiones.

¿QUÉ ME ESTÁN TRADUCIENDO ESTOS ÓRGANOS Y TEJIDOS?

Como vemos, estos tejidos hablan de la vida en grupo, de la regulación de nuestras relaciones, de nuestras habilidades de socialización, de cómo me muevo en el territorio, de cómo reconocemos el entorno a través de la especialización de los órganos de los sentidos, de cómo nos vinculamos sexualmente... y cómo todo esto nos da una identidad basada en el sentido de PERTENENCIA.

Somos animales sociales, de tribu, aunque en este mundo "desarrollado" nos hayamos alejado de la experiencia de la manada en la naturaleza, en una vida extremadamente solitaria o habiendo creado lazos en ocasiones muy artificiales y forzados, con el embudo de lo políticamente correcto, de lo socialmente aceptado, encasillado en un modelo único de relación. Por lo que si no encajamos en este molde, si no nos permitimos expresar y actuar conforme a lo que verdaderamente nos mueve por dentro porque no procede, porque podemos herir si somos totalmente honestos, porque nos vamos a sentir señalados o expulsados del grupo... nuestra biología empieza a resentirse.

Nuestra manera de interactuar mucho tiene que ver con los vínculos primarios con los padres, por lo que sería interesante hacer una revisión de cómo se gestó ese primer apego, el cual tendrá una expresión muy concreta hoy día en la manera de relacionarnos con las personas más cercanas. Dándonos cuenta de cómo son las reacciones internas en esos contactos estrechos —como ya hemos reseñado al referirnos a la comunicación y sus expresiones—, podemos hacernos una idea de si nos movemos en la confianza o la inseguridad, la separación o la pertenencia, el respeto o el sometimiento, la transparencia o el autoengaño, la comunicación o la huida del conflicto, la libertad o la complacencia...

Y así, cuando nos visita la suegra y empieza a cuestionar nuestro orden, no siempre nos atrevemos a poner límites. Y si luego llega el cuñado y me dice cómo tengo que hablarle a mi jefe y sigo sin posicionarme, puede que esa noche me haga pis en la cama, en lo que el Dr. Hamer llamó Constelación Cerebral "enurésica". Y si nuestra pareja llega a un acuerdo con su hermano en relación a nuestra hija, que además nos implica en nuestro tiempo libre, puede ocurrir que nuestra biología nos haga explotar en una Constelación Cerebral que el Dr. Hamer denominó "agresiva", que nos haga soltar gritos e insultos a nuestra pareja, y que no es más que una combinación de despropósitos en los que hemos sentido que no nos han tenido en cuenta y nos obligan a hacer algo que no queremos.

En la corteza cerebral podemos descifrar la casi totalidad de los comportamientos en la manada. Cualquier DHS o *raíl* en hemisferio izquierdo nos vuelve hacia la extroversión, la euforia, la manía, mientras que un impacto en el córtex derecho nos inhibe, nos retrae, nos deprime. Conductas autistas, paranoicas, obsesivas, fantasiosas, místicas... hallan su justificación como adaptaciones orgánicas conductuales de índole relacional, con el propio filtro personal y bajo la perspectiva biológica, como insistimos desde un principio.

Y como ya hemos visto, si no estamos presentes observando el movimiento de nuestro triángulo Mindfulness, no seremos conscientes de que estamos en una horma de zapato que quizás nos aprieta demasiado. No veremos que es la interpretación de la mente la que está elaborando un relato que poco tiene que ver con la realidad y que puede estar haciéndonos sentir separados del mundo, en un aislamiento irreal pero doloroso. No nos daremos cuenta de si nuestras necesidades o nos dejamos llevar por el grupo y las xpectativas ajenas, desatendiéndonos por norma. O quizás, imponiendo nuestro criterio una y otra vez sin darnos cuenta de que no estamos respetando a los demás...

Desarrollando el testigo de mi *Avatar* con las herramientas de Mindfulness, podré ser cada vez más veraz con mi sentir interno en cuanto a mis vínculos y mis maneras de relacionarme, instalándome en el respeto propio y, en consecuencia, hacia los demás y, desde ahí, podré tener relaciones más libres, amorosas, auténticas y, por ende, más congruentes con lo que mi biología realmente requiere.

La Naturaleza es la manifestación de lo divino en la Tierra y, desde esa sintonía profunda con la biología que habito, desplegando el observador, podré sentir la conexión con el Ser que realmente soy, que es la que me permite salir del aislamiento y trascender hacia la Unidad con el Todo.

ENFÓCATE 8

TAREAS SEMANA 7

No sustituyas la experiencia de la vida por una meta distante. Deja que la felicidad llegue al presenciar el proceso de la vida que te permite experimentar las profundidades infinitas de cada momento

Antes de comenzar la lectura y puesta en práctica de las tareas, observa cómo respira tu *Avatar* durante 7 minutos.

PRACTICA LA ATENCIÓN PLENA

a) Práctica formal

Elige cada día la práctica de Exploración Corporal o Yoga. Al finalizar la herramienta elegida, haz la Meditación en la Respiración.

- Exploración Corporal
Sin albergar expectativas de lo que debe sentir tu *Avatar*, o si le debe gustar o no. Deja que la experiencia sea tal cual es. Sin juzgar, limitándote a practicar lo que se te dice.

- Yoga

Utiliza la grabación y realiza las posturas siendo muy consciente de lo que tu *Avatar* experimenta físicamente, así como las interpretaciones que hace. ¿Qué pensamientos reproduce? ¿Qué emoción se despliega? ¿Cómo se manifiesta en el cuerpo de tu *Avatar*? Simplemente observa.

- Meditación en la Respiración

Tómate el tiempo para apartar a tu *Avatar* a un lugar tranquilo, lo sientas de forma cómoda con las piernas cruzadas o en una silla, la espalda erguida, sin tensión. Simplemente observa cómo respira el cuerpo de tu *Avatar*. Vuelve a la respiración cada vez que la atención es secuestrada por un estímulo. Observa el movimiento del triángulo Mindfulness de tu *Avatar*.

b) Continúa integrando prácticas en tu vida cotidiana

- Durante el recorrido de esta semana, a cualquier actividad cotidiana, nueva o que tu *Avatar* haya realizado en semanas anteriores, pon **Atención Plena** al vivirlas. Sé consciente de que el cuerpo físico llama a la puerta del observador/testigo para que se despliegue e imprima presencia al hacerlas.

c) Prácticas y juegos con el triángulo de tu *Avatar*

- Desde ese lugar interno que se ha ido desplegando, testigo del *Avatar* que habitas, sin juicio, aparecerán experiencias como una oportunidad de testificar cómo el *Avatar* vive la **separación**: "no me invitan a una fiesta", "se les olvida incluirme en un regalo importante", "no me avisan de una noticia de trascendencia (muerte, boda, sacar plaza...)".

- Igualmente, tu *Avatar* reacciona ante los movimientos en su **territorio**: ambiente hostil en el trabajo (amenaza), pérdida (de trabajo, de pareja, de hija...), invasión (suegro, amistades que se presentan sin avisar...), marcaje de límites (necesito descansar, pero no pido silencio a mi hijo...).

En ambos tipos de experiencias de separación y territorialidad, observa cómo se manifiesta en el cuerpo físico ese supuesto conflicto, qué interpretación hace tu *Avatar* y qué emoción siente.

d) Ejercicios de darse cuenta y propuestas de compromiso

El entrenamiento de la atención de tu *Avatar*, el despliegue de la conciencia testigo, de la esencia que realmente eres, que no juzga y acompaña al cuerpo que habitas, necesita de una estrategia en dos sentidos: Por un lado, debes valorar la posibilidad de realizar algún cambio en tu vida y, por otra parte, establecer un compromiso firme y cotidiano en la práctica e integración de herramientas y experiencias que se han compartido en estas semanas de lectura. Para facilitarte este proceso te proponemos dos tareas para la semana que viene:

· **Escríbete una carta a Ti mismo, a Ti misma**: describe cómo te gustaría estar cuando pasen nueve meses. Escríbela en presente y en positivo, explicando lo que has logrado, cómo han cambiado algunos hábitos, cuánto tiempo estás dedicando a tu práctica de meditación, yoga, comida consciente... Hazlo con la creencia total de que lo estás realizando, activando el poder de la anticipación. Puedes incluso exagerarlo. La metes dentro de un sobre, lo cierras y lo guardas. Y te pones un aviso en la agenda para ir a buscarla dentro de 9 meses.

· **Elabora un plan personal de cambio a corto plazo:** piensa en aquellos aspectos de tu *Avatar* que desearías transformar y en cómo podrías hacerlo. Identifica algún estresor relevante sobre el que puedas operar algún cambio que sea adaptativo.

Recuerda: Es importante realizar la práctica formal cada día para poder integrarla y beneficiarse de ella. Por ello, revisa a diario tu compromiso, especialmente, en esta última semana de curso.

ENFÓCATE 8

SEMANA 8

RECURSOS PARA INSPIRARSE

Llegados a este punto, solo nos queda compartirte algunas otras herramientas que a nosotros nos acompañan en este camino. Nos permiten seguir integrando cada vez más lo que hemos ido practicando a lo largo de las ocho semanas con las tareas, y afianzar el hábito, y algunas pueden ser un sostén en el transcurso de un SBS, que en realidad es lo único que en la mayoría de las veces se necesita, sostén para dejar hacer a la naturaleza.

Vamos a desarrollar un poco cada una de ellas, animando a su profundización según cada cual lo vaya sintiendo, a su ritmo, pues somos conscientes de que son muchas las opciones que podemos aprovechar y que irán encontrando su momento de ser puestas en marcha, llegado el caso.

RESPIRACIÓN CONSCIENTE: "PILLA A TU *AVATAR*"

Observamos el triángulo Mindfulness como hemos venido haciendo para ver cómo se comporta el *Avatar* y "pillarlo" en automático. Podemos ayudarnos a través de paradas, por ejemplo, con alarma en el móvil, que nos saquen un poco del día a día robótico y nos traigan de vuelta a la presencia.

Cuanto más nos damos cuenta del automático, en realidad más estamos volviendo a estar presentes con la posibilidad de generar otra actuación más consciente, creando nuevas rutas cerebrales.

Una vez hemos vuelto al cuerpo a través de la observación de la respiración fisiológica, podemos dar un paso más invitando a nuestro *Avatar* a respirar de una manera concreta. Existen muchas propuestas de ejercicios de respiración consciente. Así nos entrenamos en cambiar respuestas automáticas por acciones conscientes. Al final de este capítulo reseñamos un libro con propuestas de respiraciones dirigidas, "El gran juego de la respiración celular consciente".

Podemos caer en la trampa de sentir que estamos más ausentes, cuando en realidad ahora nos estamos dando cuenta de esa desconexión gracias a estar más presentes. Celebremos la vuelta y despleguemos la compasión hacia nuestro *Avatar*.

Para esta elección de despertar y ser conscientes de nuestros automatismos, es de vital importancia despersonalizar, quitarle seriedad y teatralidad a la experiencia, sonreír y agradecer el darnos cuenta, pues desde ese tono amable y compasivo hacia nuestros actos, se imprime la potencia y la certeza de transformarnos. Recuerda, el *Avatar* es el que sufre, se enfada, se entusiasma... el observador contempla y certifica las transformaciones de su *Avatar* sin involucrarse, sin juicio y con mucha compasión.

SONIDOS CONSCIENTES: CANTO DE LAS VOCALES

Los sonidos conscientes son vibraciones que se trasmiten en el cuerpo físico al emitirlos, generando cambios a nivel energético y frecuencial. Al practicarlos con cierta periodicidad podemos observar cambios profundos de conciencia. Para más información, recomendamos el capítulo sobre sonidos conscientes del libro "El Nuevo Mundo", Reine-Claire y Mario-Gaal (Editorial Gaiayoga).

VEHÍCULO ELECTROMAGNÉTICO

Continuando en la esfera energética, queremos nombrar aquí la estructura electromagnética que envuelve al ser humano, con sus cuerpos físico, mental y emocional. Siendo conscientes de ella, podemos empezar a utilizarla para intensificar la instauración del testigo con el trabajo de presencia y transformación que queremos desarrollar. Drunvalo Melchizedek lo describe con detalle. Recomendamos su lectura.

LA MELODÍA ARCAICA

Giovanna Conti elaboró esta obra musical después de acercarse al Dr. Hamer y comenzar a trabajar junto a él. La Naturaleza se manifiesta a través de la música y es por esto por lo que acompaña al cuerpo en el curso natural de un programa biológico. "Cada SBS contiene en sí mismo un potencial de autoterapia, y este potencial, en términos musicales, es efectivamente eso que el

Dr. Hamer y yo hemos definido como melodía arcaica. Cada uno de los diferentes SBS nos provee como mínimo de una melodía arcaica, un conjunto de vibraciones que son profundamente útiles durante las diferentes fases del programa... Esta melodía ayuda a reducir los síntomas en los tres niveles psique-cerebro-órgano..." Giovanna Conti, Introducción a la Melodía Arcaica (Enero 2021)

Puede encontrarse la obra en plataformas como youtube o Spotify.

MICROORGANISMOS EFECTIVOS

Son un cultivo amplio de microbios probióticos que crean medios favorables en los que la regeneración celular se produce más rápidamente, mejorando el dolor y la inflamación, enriqueciendo la diversidad de la microbiota de nuestro cuerpo. Para indagar sobre esto, ver canal de youtube recomendado más adelante.

DIAPASONES

Cada tejido tiene una onda de sonido propia. El trabajo terapéutico con diapasones se basa en los efectos de la interacción de la vibración de un diapasón concreto con la onda específica del organismo, las cuales, por resonancia, acaban vibrando armónicamente.

Pueden ser usados tanto para ayudar en la simpaticotonía de la fase activa, reduciendo el estrés, como en la vagotonía de la reparación, acompañando de manera suave y amable la vuelta a la eutonía. Al final hay una sugerencia de una web para ampliar información.

LA NATURALEZA

Somos Naturaleza, por lo tanto, estar en contacto con ella nos armoniza. A veces, no somos conscientes de que estamos rodeados de naturaleza incluso en medio de las ciudades, ya que hay parques o árboles por muchos lados, tenemos macetas en las casas, en la oficina... Relacionarnos con la conciencia del intercambio energético que realizamos en su presencia nos permite reequilibrarnos a nivel físico, emocional y mental.

Podemos andar *descalzos* en el campo, en la playa, permitiendo así una toma de tierra directa. Clint Ober habla de esto en el documental Earthing.

Queremos incluir aquí la práctica de *sungazing* —contemplación del sol en la primera y última hora del día—. Sobre esto habla extensamente Hera Ratan Manek.

También queremos mencionar el consumo de *agua de mar.* Hay literatura extensa y documentales que abordan en profundidad los beneficios de esta ingesta. En los enlaces que siguen proponemos uno.

Y hablando de agua, Masaru Emoto descubrió los cristales del agua y cómo estos se modifican según la vibración del entorno. Así, con palabras o mensajes escritos en una botella llena de agua, podemos intervenir en la estructura molecular de esta, y al beber esa agua "tratada" influir directamente en nuestro cuerpo físico, compuesto en un 80% de agua.

LA CÉLULA DE GAIA YOGA

Es un encuentro semanal de Almas encarnadas en *Avatares,* que se reúnen para cantar y unirse energéticamente a la evolución actual de Gaia, nuestra Madre Tierra. A través de cantos sagrados y mantras con una intención y una frecuencia vibratoria concretas, los participantes eligen salir de la identificación egoica e ir tomando conciencia, a través del observador, de quienes son realmente, seres de luz, esencias que encarnan para habitar la materia y hacerla consciente.

Para mayor información, contactar al mail info@enfocate.es, en Córdoba (España), o en la web www.ecole-de-vie-consciente.com

ENTRENAMIENTO FORMAL DE LA ATENCIÓN

Y recordemos las prácticas formales llevadas a cabo a lo largo de las 8 semanas:

* Exploración Corporal.
* Meditación "Presencia en la emoción".
* Meditación en la Respiración.
* Yoga.

No olvidemos la vida cotidiana y sus experiencias como una oportunidad para continuar el entrenamiento de la atención y el despliegue del observador, verificando con cada situación la ventana de tolerancia... ¿Se amplía?

ALGUNA BIBLIOGRAFÍA
PARA SEGUIR APRENDIENDO

Invitamos a seguir profundizando, tomando referencias de los grandes maestros que nos van ofreciendo sus conocimientos. No es una tarea que podría reemplazar la práctica formal, pero quizás nos ayude leer algunas páginas antes de la meditación o después de meditar, con la frescura de mente de esos momentos.

Aclarar que algunas de estas referencias no parten de la experiencia Minfdulness ni de las 5LB, pero hemos sentido pueden aportar una apertura de conciencia para quienes se acercan por primera vez a este nuevo modelo.

LIBROS

- "Aprender a practicar Mindfulness", Vicente Simón. Ed. Sello Editorial, SL.
- "La compasión: el corazón del mindfulness", Vicente Simón. Ed. Sello Editorial, SL.
- "Mindfulness funciona", Beatriz Muñoz. Ed. Conecta.
- "Mindfulness en la vida cotidiana", Jon Kabat-Zinn. Ed. Paidós.
- "Vivir con plenitud las crisis", Jon Kabat-Zinn. Ed. Kairós. Desarrollo del Programa MBSR: Reducción de Estrés basado en la Atención Plena.

- "Mindfulness para principiantes", Jon Kabat-Zinn. Ed. Debolsillo.
- "Biografía del silencio", Pablo D'Ors. Ed. Siruela.
- "El camino del Mindfulness", John Teasdales, Mark Williams, Zindel Segal. Ed. Paidós.
- "El poder del ahora", Eckhart Tolle. Ed. Gaia.
- "La medicina patas arriba", Giorgio Mambretti. Ed. Obelisco.
- "Resumen de la Nueva Medicina", Ryke Geerd Hamer. Ed. Amici di Dirk.
- "La génesis del cáncer", Ryke Geerd Hamer. Ed ASAC.
- "Guía Psique-Cerebro-Órgano", Luis Felipe Espinosa del Valle. Ed. Concienciabio.
- "Morir para ser yo", Anita Morjani. Ed. Gaia.
- "La biología de la creencia", Bruce Lipton. Ed. Palmyra.
- "El secreto ancestral de la flor de la vida", Drunvalo Melchizedek. Arkano Books
- "El Nuevo Mundo", Reine-Claire y Mario-Gaal. Ed. Gaiayoga.
- "El gran juego de la respiración celular consciente", Reine-Claire y Mario-Gaal. Ed. Gaiayoga.
- "El Gran Despertar", Reine-Claire y Mario-Gaal. Ed. Gaiayoga.

También compartimos aquí algunas reseñas de documentales, películas, vídeos, canales de YouTube, webs... que hemos considerado de interés.

AUDIOVISUALES

- Película "El cambio", Wayne Dyer.
- Película "Soul".

- Documental "Una dosis de realidad".
- Documental "Heal".
- Documental "Earthing".
- Documental "Mensajes del agua", de Masaru Emoto.
- Documental "Agua de mar. Misterio y sanación".
- Documental "La enfermedad es otra cosa".
- Documental "El Merkhaba futuro de la humanidad", Drunvalo Melchizedek.
- Podcast en Spotify "Audiolibro Resumen de la Nueva Medicina Germánica, Dr. Ryke Geerd Hamer".
- Podcast en Spotify "Bioencuéntrate".
- Canal de youtube "Microorganismos Amigos" (sobre *microorganismos efectivos*).
- Corto "The Fall".

WEBS

- www.ghk-pilharacademy.com/
- www.concienciabio.com
- www.somosbacteriasyvirus.com
- planetware.de/octava_cosmica/index.html (sobre *diapasones*)
- www.anahatayogaconsciente.com
- www.ecole-de-vie-consciente.com

Y si quieres recibir información del programa Enfócate 8, puedes escribir a info@enfocate.es

Con amor, confiamos haya sido un provechoso descubrimiento este recorrido de ocho semanas, y el inicio de una nueva forma de vivir con más confianza, presencia y plenitud en el cuerpo que habitamos.

BENDITA VIDA

POR TXARANGO, AMPARANOIA Y MUERDO

De todo corazón
¡Bendita la vida!
Si te tiemblan las manos (Oh-oh)
Si te queman las dudas (Oh-oh-oh)
Hemos venido a equivocarnos
Nunca lo olvides, corazón
Que todos los problemas (Oh-oh)
Serán aprendizaje (Oh-oh-oh)
Quizás verán nacer poemas
Quizás caminos para amar mejor
Lo que tenga que ser, llegará
Los miedos son muros que saltar
Cuando te duela el mundo, aquí puedes llorar
(Llorar)
Bendita la vida
Bendita la vida
Que la pena se vuelva canción
Que el dolor siembre flores en el corazón
Bendita la vida
Bendita la vida
Ya sabemos antes de empezar
Que este corazón loco nos va a hacer llorar
Oye, ¿Sabes qué?
No puedo entender

Vivo en un mundo que no deja de morder
Siempre a espaldas de la tierra
Todo aquello libre encierra
Un mundo triste, corazón
Exprésate, rebélate
No compres su tiempo (No compres su tiempo)
No cedas al silencio
No escojas su control
Si te tiemblan las manos (Oh-oh)
Si te queman las dudas (Oh-oh-oh)
Hemos venido a equivocarnos
Nunca lo olvides, corazón
Que todos los problemas (Oh-oh)
Serán aprendizajes (Oh-oh-oh)
Quizás verán nacer poemas
Quizás caminos para amar mejor
Lo que tenga que ser llegará
Los miedos son muros que saltar
Cuando te duela el mundo, aquí puedes llorar
(Llorar)
Bendita la vida
Bendita la vida
Que la pena se vuelva canción
Que el dolor siembre flores en el corazón
Bendita la vida
Bendita la vida
Ya sabemos antes de empezar
Que este corazón loco nos va a hacer llorar
¡Felicidades!
¡Bendita la vida!

ENFÓCATE 8

TAREAS SEMANA 8
Y EN ADELANTE...

"Más vale 1 minuto de práctica que 1000 de teoría"

Inicia cada práctica, cada tarea cotidiana, con atención
en la respiración del cuerpo físico de tu *Avatar*.
Hazle sentir que lo habitas.

PRACTICA LA ATENCIÓN PLENA

Exploración Corporal

Regulación Emocional. Presencia en la Emoción

Meditación en la Respiración

Yoga

¿CUÁL ES TU COMPROMISO HOY?

ATERRÍZALO

Práctica formal   Vida cotidiana

AGRADECIMIENTOS

Queremos agradecer principalmente a quienes han confiado en nuestra propuesta desde el principio, sobre todo a las personas de la primera edición del ENFÓCATE 8 durante los meses de febrero y marzo de 2023. Sin ellas no habríamos tenido el impulso y la motivación suficientes para sentarnos a diseñar, programar, escribir, crear, corregir, modificar, debatir, investigar... y a observar una y mil veces la respiración de nuestro cuerpo físico para poder trabajar con esa perspectiva que te da empezar a ver todo como testigo de la vida que vives.

Gracias a nuestros maestros y maestras que han compartido su profunda sabiduría permitiéndonos una mejor comprensión de los contenidos y han sido fundamentales en la aplicación práctica de estos. Y, cómo no, a los maestros y maestras cotidianos que confían en nosotros para un acompañamiento personalizado, ofreciéndonos la posibilidad de seguir aprendiendo cada día un poco más.

Gracias infinitas al Dr. Hamer por su vida y su legado de valor incalculable. Y a todos quienes han contribuido y contribuyen a su divulgación, haciendo una labor inestimable para el beneficio de todos los seres.

Agradecimiento especial al Dr. Luis Felipe Espinosa por su revisión del texto y por sus aportes en el prólogo, que vienen a ser un soporte más de todo el respaldo científico que nos ampara.

Gracias a AnaSabe que captó de inmediato la esencia de la propuesta y la ha plasmado delicadamente en sus ilustraciones y en los gráficos. Y a Luz León por vestir elegantemente la imagen del libro con la portada.

Agradecer a quienes nos hacen ser como hoy somos, pues mucho de lo que compartimos en este libro tiene más que ver con quiénes somos que con otra cosa: dos seres de luz que observan, gracias a la experiencia Mindfulness, el cuerpo humano que habitan, con la confianza certera en los programas biológicos que expone la medicina descubierta por el Dr. Hamer.

En este camino no podemos dejar de nombrar a Reine-Claire y Mario-Gaal de *L'ecole de vie consciente* de Quebec (Canadá), quienes han sido indispensables para comenzar a experimentar esta mirada sobre quiénes somos.

Agradecer a familiares y amistades que nos "sufren" diariamente con nuestras intensidades y nuestras ideas tan poco populares pero que, aun así, nos respetan y acompañan.

Agradecimiento profundo a Eva Garrido que hace ya un tiempo propició que nuestros caminos se cruzaran, comenzáramos esta aventura de desplegar la Luz que somos y, hace más de un año, nos propusiera un proyecto común que nos hizo descubrir la complicidad entre nuestras áreas profesionales. Y por su aportación al programa con una clase de yoga, como siempre exquisita y, en esta ocasión, precisa y enfocada específicamente al Mesodermo Nuevo.

No queremos pasar por alto nuestra gratitud inmensa a todas las colaboraciones y apoyos que hemos recibido para la culminación de este proyecto desde su inicio, con los programas en sus tres ediciones y especialmente los testimonios, las orientaciones en los primeros pasos del libro, las correcciones, las grabaciones, las fotografías, la edición, la maquetación, entre otras...

Sentimos también agradecer muy conscientemente a los síntomas que experimentan nuestros cuerpos biológicos, tanto los agudos, como los supuestamente crónicos, pues nos ayudan a parar, tomar conciencia y elegir qué dirección y mirada más amable y responsable adoptamos, frente a la huida y la anestesia que previamente había predominado.

Y gracias, desde lo más profundo, a los árboles y plantas que nos regalaron su vibración en forma de música y que acompaña de fondo a las meditaciones.

Y, por supuesto, gracias a ti que nos lees por haber escuchado y hecho caso a algo en Ti que quizás haya propiciado abrirte a una nueva manera de ver y sentir la Salud y la Vida.

En resumen, inmensamente agradecidos por esta andadura común llena de regalos.

TESTIMONIOS

«Las expectativas de esta experiencia no las visualizaba... pero sabía o me llamaba la atención la mezcla de Hamer y Mindfulness porque había indagado con anterioridad en ambos puntos y sentía que debía estar ahí.

El aprendizaje ha sido máximo, ya que da sentido a muchos aspectos de nuestras vidas que quizás siempre estuvieron ahí pero habíamos olvidado. Yo, por mi parte, he adquirido un compromiso con una nueva vida.

Está claro que hay muchos tipos de vidas y el ser humano es el que decide cómo vivir... pero cuando llegas al punto de la vida de conciencia o vivir conscientemente, te das cuenta de que la realidad en la que vivíamos era un atropello para el ser humano. Esto no quiere decir que esta vida sea un camino de rosas, pero sí con muchos más flores, árboles, amaneceres... Porque también va unida a nuestra madre tierra.

El día nos regala momentos y detalles únicos y debemos estar presentes para poder apreciarlos y construir y sanar a través de esa presencia en este nuevo mundo. Veo pájaros volar por encima de mi coche o que pasan por al lado... O se posan en mi ventana regalando un canto que antes no oía... O puestas y amaneceres que siempre aprecié, pero ahora más aún... Silencios en el bosque que suenan como las mejores sinfonías... Mantras dedicados a la madre tierra y nuestra querida humanidad, que tras cantarlos suben tu vibración para seguir afrontando todos los retos que se planteen...

En definitiva, creo que el poder del ser humano tiene límites inimaginables, solo hay que creer. Despertar y no desfallecer. Esta realidad en la que vivimos nos va a estar poniendo a prueba continuamente porque no quieren seres libres y despiertos, pero sé que van tarde porque esto ya no lo van a parar. Así que poco más que decir... gracias Cristina y gracias Manolo.»

LUIS

«Para mí el Enfócate ha sido un antes y un después, como se suele decir... Y digo esto porque la verdad no tenía muchas expectativas, sabía que el contenido era interesante y que de Hamer hay mucho que aprender (ahora es un vademécum en mi vida cotidiana).

El Mindfulness se ha convertido en hábito. Respirar profundo y ser consciente me ayuda, ver las cosas de otra manera, con más calma, las emociones... Bueno, no en todas, pero se va poniendo empeño, y si no, no pasa nada, las cosas también hay que pasarlas para aprender.»

ROSALÍA

«Una experiencia enriquecedora y necesaria para incorporar mecanismos de reseteo (aunque sean breves) y toma de contacto con lo esencial.

Herramientas fáciles para estar atenta al cuerpo, escucharlo y desplegar el sentir desde ahí a nuestro contexto. Desde la verdad y la realidad, sin contaminación. Manolo y Cristina nos han acompañado sutil y exquisitamente, con su sabiduría y dejando espacio. He notado mucho el cambio.

Inmensamente agradecida por teneros cerca.»

RAQUEL

«La propuesta me llega tras haberme yo comprometido conmigo misma brindando y pidiendo deseo en nochevieja 2022 para alcanzar en el año 2023.

Mi deseo era:

QUERÍA PARAR, respirar y estar más conectada conmigo...

Llegó febrero y la información del programa y yo todavía seguía disparadísima... No encontraba ni sabía cómo echar freno.

La propuesta me resonó y me cuadró.

Las sesiones me parecieron, aunque relajadas y muy respetuosas con los ritmos del grupo, muy intensas y sobre todo útiles para tomar consciencia del cuerpo que soy.

Meditación y Leyes de la Medicina de Hamer: buena combinación para acercarme a mi avatar, entenderlo, no tener tanto pánico a enfermar y ser más compasiva conmigo

Te lo recomiendo.»

ELENA

«Cuando comencé Enfócate, siguiendo los consejos de Cristina, iba sin expectativas, o eso intentaba. Lo que sí recuerdo es estar en modo observación continuo.

Durante las sesiones recibía mucha información nueva, más de la que era capaz de gestionar y aplicar. Así que acabé el curso en la última sesión muy agradecida pero bastante confusa y me preguntaba continuamente por qué había descubierto yo esto.

Me encantaba el feedback que se mostraba en cada momento y cómo cuidaban cada detalle, lo que nos hizo a todos los participantes cuidar también todo el programa.

Con el paso de los días y los meses y aún en la actualidad reconozco que la última sesión fue el primer riego de lo que venía después. En las semanas siguientes recordando y repasando el montón de información que nos dieron, me di cuenta, y lo experimento desde ese momento, que lo que hay plantado es una semilla que ha comenzado a brotar, que da respuesta a muchas preguntas que tenía en mi vida y que no sabía cómo responder. Todas las herramientas que recibimos para seguir aplicándolas día a día han sido y siguen siendo un regalo.

Así, este Enfoque en la vida me está dando la oportunidad de encontrar nuevas respuestas que necesitaba para seguir creciendo y poder seguir caminando en la vida de manera más consciente y más plena.

Del mismo modo me gustaría reseñar que ha sido una experiencia totalmente para mí, a pesar de acudir con mi pareja. Cada uno hemos experimentado cosas diferentes en nuestros caminos, a pesar de caminar juntos.

Mi enorme agradecimiento a Cristina y Manolo por la aportación de herramientas y conocimiento.

Siempre estaré en deuda con vosotros. Un abrazo enorme.»

MARÍA

ALGUNAS ACLARACIONES

No queremos cerrar este libro sin antes dejar claras algunas consideraciones que para nosotros son indispensables.

Por un lado, este material ha sido elaborado consultando, entre otras, las fuentes que hemos reseñado en la bibliografía de la última semana del programa, haciendo una traducción a partir de la integración que nuestra experiencia personal de estudio y puesta en práctica nos ha brindado.

Con esto, queremos dejar claro que puede no haber coincidencias con una exactitud del 100% con los textos en los que ha sido inspirado, pues se trata de una adaptación propia, hecha por cada uno de nosotros, de los contenidos sobre Mindfulness y las 5 Leyes Biológicas descubiertas por el Dr. Hamer.

Por otro lado, vemos importante puntualizar que en las emergencias médicas no hay ninguna duda de la necesidad de intervención inmediata por los servicios sanitarios de urgencias y emergencias. Una necesidad vital siempre debe ser atendida a la mayor brevedad posible con los mejores medios humanos y técnicos que se tengan al alcance. El resto de síntomas que exprese nuestra biología puede abordarse desde un lugar más pausado y en coherencia siempre con la propia vivencia de cada persona, asumiendo esta un papel activo y responsable en la gestión de su salud, y solicitando acompañamiento, si así lo precisa y siente, por parte del profesional que considere más oportuno.

Tenemos también la necesidad de expresar que sentimos que, verdaderamente, no hemos llegado a ningún puerto. La Vida es movimiento, un continuo aprendizaje... Seguimos respirando la eternidad del testigo/observador que se está desplegando. Simplemente sentimos que se trata de estar en el momento presente, con una distancia cada vez mayor hacia ese triángulo de la conciencia, permitiendo que la experiencia sea tal y como es, empoderándonos en consecuencia...

Con todo esto, llegados a este punto, confiamos que este material elaborado con tanto entusiasmo y amor te sea de utilidad y, sobre todo, sea un verdadero impulso para comenzar, si no lo habías hecho antes, a acercarte a tu cuerpo desde la confianza máxima en su sabiduría.

Si en su lectura y práctica sientes resonancia, te invitamos a que continúes experimentando —¡no te creas nada!— esa alianza con tu cuerpo físico y su biología, no para convencer a nadie —que tendrás casos cercanos con sintomatología extrema que te tienten a intervenir—, sino para hacerlo propio, integrándolo en tus "propias carnes", como bien se dice. Esa es la semilla que podemos sembrar, nuestro testimonio, para expandir este nuevo paradigma y, en consecuencia, este Nuevo Mundo más armonioso y respetuoso con la Naturaleza que somos y habitamos.

¡Buen Viaje!

EPÍLOGO

LA VIGILANCIA

Érase una vez un caminante que caminaba, caminaba, caminaba, recorriendo el mundo, sólo con el propósito de conocer campos, ciudades, costumbres y vidas de esos lugares.

Todos sus recorridos no eran fáciles de transitar, pues lo que llamamos buen o mal tiempo lo acompañaban sin avisarlo. Él, simplemente, decidió estar vigilante ante la incertidumbre climatológica, simplemente vigilante.

Había partes de su recorrido en las que se instalaba en los recuerdos y vivencias pasadas, anclándose en el disfrute de lo vivido o en el dolor de lo padecido, sin ser consciente de que quizás había caminado en exceso, no dando descanso a su cuerpo o simplemente se había perdido hermosos parajes que había programado ver. Incluso le sorprendían tormentas que pudo haber visto de lejos si su vigilancia hubiera estado activa, su presencia.

¿Qué decidió ante esos vagabundeos mentales y emocionales?

Nos cuenta:

"Solo me anclo en observar la respiración y volver a ella, mientras la tormenta me empapa, el viento me empuja de un lado a otro y el miedo hace que reviva mentalmente lo de siempre: *de esta no salgo, no llegaré nunca, quiero dejarlo y volver a casa...* y mucho más...

En esos momentos, ¿observar la respiración, volver al cuerpo? Parece que nada sirve, nada tiene sentido, pero es cierto que con la perseverancia y apoyo ciego en la CONFIANZA, hago la ELECCIÓN CONSCIENTE a cada instante, y más ahora, de anclarme en mi interior, de observar este cuerpo que habito... y salir de aquí. Y de pronto SALE EL SOL. ¿Cómo puede ser verdad esto? Hace sólo unos instantes no había claridad, no veía nada, el viento me llevaba de un lado a otro, quería resolver el mal tiempo analizando por qué hay mal tiempo y, sin embargo, LA CLARIDAD me envuelve. Y todavía mi mente me cuestiona.

Y de la misma manera, cuando el buen tiempo me acompaña, hay mucha lucidez para ver los paisajes, para tomar la nueva ruta, vamos, para hacer el camino.

Cierto es que ahí es cuando vuelvo a anclarme en la respiración de mi cuerpo, y a acumular esos segundos, pues en ciertos momentos, si no estoy vigilante, la euforia de lo precioso, de las grandes montañas, los colores, la maravillosa naturaleza hace que me vaya de nuevo al pasado o futuro a revivir o proyectar buenos tiempos. Y nuevamente me pierdo."

Vigilancia, qué palabra más seria. Y si le añado Confianza, cómo se suaviza.

Nos cuenta este caminante que la vigilancia no es para defenderse de nada ni de nadie, no es para ponerse en modo lucha. Simplemente, es para ser consciente de dónde te encuentras interiormente a cada instante, desde dónde vives, de lo aprendido e integrado ante el buen o mal tiempo, que ya pasó y que vendrá, y qué punto de anclaje tomas en cada momento. Nos cuenta que la dificultad está en la simplicidad. Que el único esfuerzo es conocer al transeúnte que habitas, tu cuerpo físico. Es volver a observar la respiración de ese cuerpo con el que recorres lugares y costumbres, hacerte cómplice, hablarle y que te hable, que nazca una buena amistad. Y, desde ese lugar, se va instalando en ti y en TI el nuevo mundo con el que caminas el propio mundo. Y a continuar...

ÍNDICE

Sanar desde adentro:
las 5 leyes biológicas y mindfulness,
de Cristina Pardo y Manuel Perea,
compuesto con tipos Montserrat en créditos
y portadillas, y Cormorant Garamond
en el resto de las tripas,
bajo el cuidado de Dani Vera,
se terminó de imprimir
el 19 de enero de 2023.

LAUS DEO